「お金をもらう」から「稼ぐ」人になる習慣術

午堂登紀雄

はじめに

◆「お勉強」をしてはいけない

先日、雑誌の取材で、

「多くのビジネスパーソンが、『勉強する時間がない』とか、『資格をとって一生懸命働いているのに、収入が増えない』、などの悩みを抱えているんですよ。どうすればいいでしょうか？」

そんな質問をされました。

そこで僕は、「ビジネスパーソンの勉強とは、机に座ってテキストを広げて何かを覚えること、という発想はいったん捨てたほうがよいのでは」と答えました。

つまり、**いわゆる「お勉強」をしてはいけない**、ということです。

資格なんてとらなくても、ビジネススクールに行かなくても、稼ぎ力を高める方法はあります。寝る間を惜しんで働かなくても、コマ切れ時間を必死に使わなくても、儲けに換える方法はあります。

それが本書で提案する、**「お金を稼ぐ習慣術」**です。

根底にあるのは、**「僕たちにとって無駄な経験は何もない。どんなことでも必ず何か学びがある」**という視点です。

僕たちの生活は、経済活動と非経済活動の2種類で成り立っています。

経済活動というのは、価値を創造し、富を生み出す行動です。

非経済活動というのは、時間やお金をただ消費する行動です。

会社で仕事をするのは経済活動と思われますが、実は1円にもならない非経済活動をしている人がいます。この場合、いくら働いても自分の収入は増えないことになります。

家族と過ごしている時間は一般的には非経済活動に見えますが、実は経済活動に換えている人もいます。

たとえば、本書で紹介している、「頭でテレビを見る」「頭で食事する」などの作業をしている人のことです。こういう人は、見た目の労働時間は短くても、より多くのお金を生み出すことができます。

この違いをもたらしているものは、**情報（経験）を富に変える知的な思考作業をしているかどうか**です。

そして、そういう作業を習慣化できれば、日常生活のすべてが学びとなり、漫然と過ごしている人とは大きな差をつけることができます。

習慣が人生をつくる、とよくいわれます。つまり、望ましい習慣を身につければ、望ましい人生になるということです。

◆ビジネスの心肺能力、ビジネスの足腰を鍛える

僕は学生時代、キックボクシングをしていました。

はじめての新人戦では、辛くも判定勝ちでしたが、1ラウンド目ですぐに息が上がり、かなり打たれ、3分がとても長く感じました。

そこで僕は、10ラウンド戦える心肺機能と、打たれない俊敏さ、打たれても衝撃を吸収できる足腰をつくることに重点を置きました。

そして、毎日20キロのランニングと、坂道ダッシュ1日50本を、部の練習とは別に自分に課したのです。

それから3か月後。ケガ防止のため、ほとんどスパーリング練習なしで臨んだ、後楽園ホールでの全日本選手権。

ゴングが鳴った瞬間、自分の身体がウソのように軽いことに気がつきました。

瞬時に相手の懐に飛び込んでワンツーを打ち、バックステップで距離をとり、再びステップインしてボディを打つ。相手の攻撃をサイドステップでよけキックを放つ、という連続攻撃が難なく可能な足腰ができていたのです。もちろん、フルラウンドを全力で戦える心臓もできていました。

◆3か月あれば、自分が変わる

これは、思考習慣や生活習慣にも同じことが当てはまります。

つまり、鍛えたい部位を3か月鍛えれば、以前はできなかったことが、よりラクに、速く、高いクオリティでできるようになる、ということです。

そこで本書では、「考え、発想する」というビジネス心肺能力を鍛える方法、「試行錯誤を続ける」というビジネス足腰を鍛えるための方法や考え方を、たくさん紹介しました。

「できそうなことだけ選んでやる」というのもよいですが、ぜひ一度、本書の目次をコピーしチェックリストにして、全部やってみることをオススメします。そして、3か月、続けてみてください。

3か月後、まったく違う自分に生まれ変わっているはずです。自分でもびっくりするほど、強烈な破壊力を持つ自分ができあがっています。

僕自身も本書の方法で、ただのフリーターから、難関の外資系戦略コンサルタントの仕事に就くことができました。そして起業し、複数の会社経営のかたわら、本も書かせていただけるようになりました。

本書が、人生を欲張りに楽しめる習慣づくりのきっかけになれば、著者としてうれしく思います。

目次

第3章　マルチプル時代を生き抜く知的生産術

第4章　どこでもオフィス化計画

第5章　情報をお金に換える作戦

第6章　知的生活を生む発想法

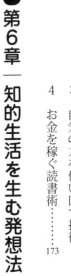

第 1 章

24時間まるごと学校化作戦

1

頭で生活する

(1) 大人の勉強とは机の上以外でするもの

◆社会人の勉強とは、24時間の自分の生活そのもの

「はじめに」でも触れましたが、雑誌の取材で「勉強時間を確保できないという悩みは、どう解決すればいいですか」という質問を受けたとき、僕は、「机に座ってやるとか、テキストを広げるとかいう発想を、いったん捨てたほうがいい。**社会人の勉強とは、24時間**

の自分の生活そのものなのですから」と答えました。

記者の人は、拍子抜けした顔をしていました。どうやら「資格や語学の勉強」をイメージしていたようです。

しかし、検定や資格というのは、お金を払って受けるものではありません。それは消費者のすることです。稼ぐ人は、逆に自分で資格制度や検定制度をつくって、受験料をいただく側に回ります。

資格の勉強をする時間があったら、ビジネスプランを考えたり、自分の顧客を集めたりすることに時間を費やすほうがいい。なぜなら、弁護士も、税理士も、医者も、集客できない人は食えないからです。

◆収穫したいものを植えているか?

なすびを植えれば、当然ですがなすびがなります。つまり、自分が植えたものしか収穫できないわけです。

逆算して、自分がどういう収穫を得たいのかを意識して、植えるもの（学ぶこと）を決めましょう。

実は世の中には教材があふれていて、成功のために学ぼうとする人には、教科書は無限にあるのです。

自分は不運だとか、生活が大変だとか、儲けているヤツは気にくわないとか、いろいろな不満や嫉妬《しっと》の声が聞こえてきます。でも、そういうことを言っていると、目の前の教材になかなか気がつきません。

◆カラーバス効果ですべてのことを学びに変える

カラーバス効果という心理学用語があります。これは、たとえば「赤色」を意識すると、それまでまったく気づかなかった生活の中の赤いものが目に入る、という効果です。

同様に、やる気のある人は、できる理由に敏感になる。やる気のない人は、できない理由に敏感になる。

経験から学ぶことに敏感になれば、24時間が学習タイムになります。これができれば、時間がないと嘆いている人よりも、成長の質・量ともに、大きく差をつけることができます。

普通に生活していると、1日の中で学習できる時間は限られてしまいます。

しかし、頭で生活すれば、起きている時間をすべて学びに変換することができるのです。

(2) 頭で食事する

◆「胃袋で食事する人」「頭で食事する人」

レストランなどに食事に行って、単に「うまいかまずいか」「高いか安いか」「雰囲気がいいか悪いか」という感想しか持たないのは、「胃袋で食事する人」です。**しかし、「頭で食事する人」は食事の時間でさえ学びに変えられます。**

拙著『30代で差をつける「人生戦略」ノート』(三笠書房)で紹介したように、レストランに入ったら席数や料理単価などから売上を、スタッフの数と広さから経費をざっと計算し、その店の利益をパパッとはじくのもひとつのトレーニングです。

また、自分なりの仮説を持ち、店に入ったらそれを検証する、という方法もあります。

たとえば、僕はレストランに行ったとき、顧客視点になっているか仮説を立てるようにしています。

◆トイレの個室にフックはついているか?

ひとつは、トイレの個室の中に上着を掛けるフックがついていれば、よい店だという仮説です。なぜなら、男性ならスーツのジャケットを掛けたい、女性ならバッグを掛けたいというニーズに応えているからです。


もうひとつは、レジカウンターに手荷物を置く場所を設けているかどうかです。女性はもちろん、多くの人がバッグなどを手に持っていますが、会計時に財布からお金をとり出す際は、バッグが邪魔になります。

そういう顧客の行動と心理を理解すれば、手荷物置き場は非常にありがたい存在です。

◆フレンチレストランで箸とおしぼりが出てくるか？

これは僕の勝手な仮説ですが、フレンチレストランで箸とおしぼりを頼んだとき、出してくれる店はよいお店です。海外では箸もおしぼりも使いませんから、普通は「ない」と言われるでしょう。でも日本人なら箸のほうが食べやすいですし、おしぼりもうれしい。「そんなの店の雰囲気を台無しにする」という人もいますが、「フレンチはかくあるべし」という固定観念に捉われず、楽しく快適に食事できることを選びたい。

日本で店を構え、日本人相手に商売をやっているのなら、形式に捉われず、そういうニーズにも対応しようとするのではないか、というのが僕の意見です。

そういう仮説力をつけ、ことあるごとに検証しようとすれば、店は何に気を配っているのか、何が繁盛につながるか、その法則が見え、自分のビジネスにも活かせるようになります。

（3）頭で電車に乗る

◆電車内の広告スペースが増えた理由を考える

電車に乗ると、広告スペースがだんだん増えているのがわかります。

中吊り広告と天井、そして壁の間の広告は以前からありましたが、つり革の付け根、ドア、ドア付近の壁、果ては外装までと、走る広告と化しています。

では、なぜ広告が増えたのでしょう？

もちろん、乗客減少による収入減を補おうとする交通機関の営業戦略もあると思いますが、広告が増える背景にはネット化の進展があるのではと考えています。

ネット上でビジネスをする企業が増えると、何万ものウェブサイトであふれることになります。それら無数の中から、どうやって自分のウェブサイトに訪問してもらうか？

ＳＥＯ対策やリスティング広告は、入力するキーワードを知っている問題意識が明確な人のためのもので、それ以外のマーケットを拾いにくい。そこで、広告で自社のウェブサイトを知らせてアクセスしてもらう必要がある。だから、電車を含め交通広告が増えているのではないだろうか。

このような仮説が浮かんできます。

◆通勤電車で自分なりの一次情報を築く

満員電車の中で座ろうとすると、意識は自然に人間観察に向かいます。「この学生はどこの学校だろう？　でも、そんな長距離通学は普通しないよな」「この人きょろきょろしている。間もなく降りそうだ」「読んでいた本をしまったぞ。次で降りるのかな」と、すぐに降りそうな人を探すようになります。

また、満員電車の中で「快適に読書する方法」を考えると、入り口付近は人の流動が激しいので、車両の連結部近くか、車両のど真ん中あたりに行くと集中しやすいことに気がつきます。

これ自体が富を生み出すわけではありませんが、こうした意識を持つことで、学びのチャンスを格段に増やしてくれます。そしてこれが、**他人の受け売りではない、自分なりの一次情報として価値を持つ**のです。

（4）頭で散歩する

◆散歩は格好のトレーニングタイム

僕は不動産投資コンサルティングという仕事上、よく投資物件を見に行きます。

通常は地図を持って行きますが、地図なしで物件を探すときに参考にするのが、住居表示が書かれている電柱看板です。その電柱看板ですが、色が緑と青の二種類あることに気がつきます。

青がＮＴＴ東日本、緑が東京電力だそうです。こうしたことは、単に街を歩いているだけではなかなか気がつきませんが、日々観察することが習慣になると、散歩もビジネスモデル研究の場になります。

たとえば、平日の12時頃にオフィス街を通ると、ランチの移動販売をする車を見かけます。観察してみると、彼らは単に車を出して客を待っているだけではありません。

・ケータイに登録すると、その日のメニューをメールしてくれる（これで販促が打てる）
・雨や雪が降ると、100円引き（客足が鈍い雨や雪の日でも来てね）
・13時を過ぎると、50円引き（残ると困るから、安くするよ）
・友達を紹介すると、50円引き（新しいお客さんを連れてきてね）

というように、移動販売であることとの弱点、残ると廃棄するしかない弱点を補うような工夫をしています。

◆画廊はなぜ人がいないのに儲かるのか？

銀座を歩くと、いくつか画廊を目にします。でも、どこも閑散としていて商売っ気がなく、家賃も高いだろうに、本当に儲かっているんだろうかと思ったことはありませんか？

そこで、アート投資を趣味にしている友人に聞くと、彼らは外商やオークションで儲けており、画廊は倉庫兼ショールームみたいなものなのだそうです。

このように、**「この人は、この会社は、どうやって儲けているんだろうか？　いくらぐらい儲かっているんだろうか？」**というクエスチョンが頭に浮かべば、散歩もジョギングも、格好のトレーニングタイムになります。

（5）頭で旅行する

◆旅行はマーケティングノウハウが学べる教材

エジプトの高級リゾートホテルの宿泊料金は、稼働率が最も高い夏に一番安くなる、という話をツアーコンダクターの知人から聞いたことがあります。これは、日本とはまったく逆の動きです。

僕はそういう話が好きなので、必死で理由を考えました。

「わかった。ハイシーズンにたくさんのお客さんを集めておいて、リピーターを増やそうという考えなんじゃないか？」

「ハズレ！」

実は、ハイシーズンである夏に来るのは、エジプト国内や中東、アフリカの低所得者層で、オフである冬に来るのは、厳冬を避けて南に旅行してくる、北欧の富裕層なのだそうです。

オフシーズンに来るのは、しっかりお金を払ってくれる富裕層だから、宿泊料をあえて安くする必要はない。逆にハイシーズンに来るのは、支払う余力の低い旅行客だから、安くしないと競争に勝てないというわけです。

◆激安ツアーでも儲かる理由

イチゴ狩りや日帰り温泉で、２９８０円といった低価格の日帰りバスツアーが人気だそうです。30人でも10万円にしかなりませんから、ガソリン代や、運転手と添乗員の人件費を考えると、採算に合わないのではないかと感じます。

でも、十分利益が出ているのだそうです。そのからくりは、途中休憩で寄るお土産屋。トイレ休憩と称して立ち寄るのは、契約している土産店やドライブインで、乗客がお土産を買うと、旅行代理店にキックバックが入るようになっているのです。

お土産好きの国民性に目をつけた、うまい商売のやり方です。

USJ（ユニバーサル・スタジオ・ジャパン）では、追加料金を支払うと、人気アトラクションに優先的に乗れるエクスプレスチケットを販売しています。

値段はちょっと高めですが、普通なら60分待ちのところが、優先通路を通って待ち時間が3分に短縮されます。長い行列の側を悠然《ゆうぜん》と通り過ぎるのは、気持ちいい気分にもなれ、僕のようなせっかちな人間をターゲットにした、うまい商品です。

旅行ひとつとっても、**マーケティングのノウハウが学べる教材**です。純粋に旅行を楽しむことを否定はしませんが、「楽しかったね」で終わらない観察力をつけていきましょう。

（6）頭でテレビを見る

◆テレビはツッコミの宝庫

頭でテレビを見るというのは、**「ツッコミを入れながら見る」**ということです。特に報道番組は、ツッコミどころ満載です。

たとえば、政治家が「ネットカフェ難民を救わなければならない」と発言すると、「なんで？」と感じませんか。

ネットカフェの利用料が1時間100円だとすると、1日2400円。30日で7万2000円かかります。ヤフー不動産で東京都の賃貸物件を検索すると、家賃5万円以下の物件は数千件も出てきますから、水道光熱費を含めても、賃貸を借りるほうが安い。

ということは、彼らは単に好んでネットカフェにいるだけですから、それを救済しようというのは、電車の中で健康のために立っているお年寄りに席を譲ろうとするようなものです。

結局彼らは、表面的な現象だけを見て、世間受けのよいことを言っているに過ぎないことがわかります。

あるいは、会社経営をしたことがない評論家が、「失業者が増えるのは企業のせいだ」と言います。「罪もない労働者が突然放り出されるような社会はおかしい」と言う人もいます。

しかし、指示された仕事だけをやって定時が来たらすぐ帰り、ビールを飲みながらテレビを見る、という生活をしている人が、本当に罪がないといえるでしょうか。

ということにいちいち反論する習慣をつけると、単に感情で同調し「そうだ、そうだ」と流されるのではなく、冷静かつ論理的に受け止められるようになります。

◆なぜ、少年アイドルマーケットはジャニーズの独壇場なのか？

バラエティ番組を見ていると、ジャニーズのメンバーが出演する番組が多いことに気がつきます。

そこで、「なぜ、少年アイドルマーケットはジャニーズの独壇場なのか？」ということを考えます。


では、美少女アイドルのマーケットを牛耳る事務所はあるか？

有名なところでは、美女モデルのオスカープロモーション、スターダストプロモーションなどはありますが、ジャニーズのように突出している事務所はありません。


あくまで仮説ですが、この違いは男性と女性の差にあるのではないか。

女性は母性本能が働くので、一度ファンになったアイドルを、何年経っても見守り応援する傾向がある。だからひとたび美少年アイドルが出れば、タレント生命は長く続く。すると芸能界を目指す少年も、メリットの大きいジャニーズを選ぶようになる。

逆に男性は、美少女にはいつか飽きる。新しく若いアイドルが出れば、そちらに目移りしてしまう。育てるという感覚が女性より希薄だから、タレントもあちこちの事務所に分散し、一人勝ちする事務所が出てこないのではないか。

このような仮説が成り立ちます。

このようにテレビは、論理的、客観的、具体的に考えるトレーニングとして、あるいは社会情勢に対して自分の意見を持つ方法として、活用することができます。

2 ものごとを見る感性を養う方法

（1）頭で生活するには、ものごとを見る視点を持っておく

◆どうすれば頭で生活できるか？

「頭で生活せよ」と言われても、最初はやはり難しいものです。

たとえば、百貨店の新入社員に現場を見ろといっても、何をどう見ればいいかがわからないので、「お客さんがたくさん来ていました」なんて「目に映った事実」を、そのまま

感想にしてしまいがちです。

そこで、**ものごとを見る「視点」を持っておくと、考えやすくなります。**たとえば外食するとき、前述のように、「この店の顧客満足を高める仕掛けはどこか？」という視点を持っておくと、いろいろなことが見えてきます。

◆カフェで学ぶマーケティング

この原稿を書いているのは、東京・九段下にあるカフェです。店外にある3つの看板は、すべて靖国神社のある方向に向いています。

観察していると、9割の人がそちらから歩いてきます。お店には駐車場がないので、完全に歩行者客、しかも靖国神社方面から来る客だけにターゲットを絞っています。

イスのレイアウトは、普通のカフェだと向かい合って座るようになっていますが、この店は、ほとんどすべてのイスが外を向いていて、隣に並んで外の景色を見ながら座るようになっています。武道館が近いので女性同士の客が多い、靖国神社が近いので外国人客が多い。という客層の特徴を考えているのでしょう。

トイレに入ると、上着掛けだけではなく、バッグなど手荷物を置く専用のイスまで用意されていて、女性客に優しい工夫がしてあります。チェーンのカフェにもかかわらず、個店でもこんなに工夫がしてあることがわかります。

◆「バリアフリー」の視点を持ってショッピングセンターに行く

ショッピングセンターに行くときは、「バリアフリー」の視点を持ってみます。総合スーパーのイオンに行ったときのことです。そこには、高さが1メートルくらいの背の低い自動販売機が置いてありました。しかし、取り出し口の位置は意外に高い。よく見ると、車椅子客用の自販機でした。車椅子に乗った人にとっては、普通の自販機は、ボタンの位置は高すぎるし、取り出し位置は低すぎるわけですから。

イオンに限らず、最近の総合スーパーやショッピングセンターに行くと、駐車場から出入口、トイレ、エレベーターまであちこちにバリアフリーの工夫がしてあることに気がつきます。

タクシーに乗るとき、ホテルに泊まるとき、銀行に行くとき、美容院に行くとき、それぞれに視点を持っておくと、たくさんの気づきが得られます。そして、そういうことをメモしておく、ブログに書いておく、など何らかの手段で記録しておくと、それがいずれ話のネタになるのです。

(2) 人生にも役立つ思考法を身につける

◆仮説を立てると見えてくる

何度か仮説という言葉を使いましたが、仮説とは、簡単にいうと**「こういうことじゃないか?」「こうすればいいんじゃないか?」という仮の結論**です。

ある有名な小話をひとつ紹介します。

あるところに次郎という子どもがいました。彼は間抜けという評判で、近所の少年たちからバカにされていました。次郎が通りかかると、少年たちはいつも次郎を呼び止め、こんなゲームを持ちかけます。

「おい次郎、どっちか欲しい？　好きなほうをあげるよ」

そう言った少年の右手には50円硬貨が、左手には10円硬貨が乗っています。次郎はいつも決まって10円を選びました。

当然50円のほうが価値は高いのですが、大きさでは10円硬貨のほうが大きい。次郎が大きさで選んでいると思っている少年たちは、「お前はホントにバカだなあ」と笑いながら行ってしまうのです。


近所のお年寄りが次郎をかわいそうに思い、

「なあ次郎や、10円よりも50円のほうが大きさは小さくても価値は大きいんだよ」

と言いました。

次郎はこう答えました。

「おじいさん、そんなことわかってるよ。でもボクが50円を選んだら、その瞬間からボクの小遣いは打ち切りになっちゃうんだよ」

もちろん、この話のようにすべてがうまくいくわけではありませんが、「自分はツイていない」と不満をこぼす人に限って、何の仮説も持たず、ただ行き当たりばったりでコトに当たります。

けれども、何事も仮説を持って行動すれば、より納得できる結果を生みやすくなる。つまり、仮説思考は、ビジネスの場面だけでなく、人生にも使える思考法なのです。

3 一段高い視点でものごとを見る

（1）もしも自分が○○だったら……

◆どこでもコンサルになる

「どこでもコンサル」とは、目に映る商品や広告、企業に対して、**「もし自分がコンサルタントとして依頼を受けたとしたら、何をアドバイスするか」**を頭の中で考えることです。

この方法は10年以上も前、大前研一さんのインタビュー記事を読んで以来、実行していることですが、今ではもう習慣になってしまいました。

たとえば、通勤電車の中を見渡すと、たくさんの企業の広告があります。

そこで、自分が経営コンサルタントならば、その企業をテコ入れし、売上アップさせるには、何をどうすべきか。その際に問題となる資金や人的リソース、社内の反発などに対してどう対応するか。

こういうことを、5分10分程度で、パパッと考えるのです。

最初のうちは、何もなしで考えるのも難しいですから、マーケティングの4Pとか、戦略の5Sとかのフレームワークを切り口にして考えるとよいでしょう。

これを毎日やると、だんだんと習慣になり、テレビを見ていても、街を歩いていても、自然とケーススタディをやるようになります。

そして半年くらい続けると、頭の回転が2倍速くらいになります。

◆エア・社長をやってみる

自分が今、平社員であれば、エア・社長をやってみましょう。

エア社長というのは、「エア・ギター」で有名なように、「フリ」をすることです。

つまり、**社長の立場になって考えてみる**のです。これは一段高い視点を持つことで**経営センスを高めるトレーニング**になります。

会社で新しい経営方針が出たとき、ヒラ社員がヒラ社員である理由は、「こんなことしても意味ないよな」「なんでウチの会社はこんなにバカなんだろう」「やってらんない」と愚痴をこぼすからです。

しかし、あなたは社長の視点を想像してみるのです。

「自分が社長なら、この方針の背景に、どういう想いを込めたのか?」

「自分が社長なら、この方針の先に、何を見据えるのか?」

そう考えれば、経営方針の深い意味を知り、愚痴など言っていられません。

また、競合他社のニュースを聞いて、もし自分が社長なら、どう動くべきか、あるいは動かないべきかを考えるようにすると、より大局的な視点が養われます。

これは、いろいろな場面で使えます。

たとえば、文章を書くときも、エア・読者をやってみる。特に、ひねくれた読者の視点から自分の文章を読んでみるのです。

そうすると、こう書けばこう反発される、こう書けばこう受け止められる、という客観的な視座を持つことができますから、より読者に受け入れられる文章を書けるようになります。

(2) 知的ミーハーになる

◆黎明期《れいめいき》こそビジネスチャンス

メルマガにしろ、ブログにしろ、携帯サイトにしろ、何事も黎明期に仕掛けた人が先行者利益を得るというのは、歴史が証明しています。

たとえばメルマガ黎明期は、メルマガそのものが珍しかったため、膨大な購読者を集めることができました。ブログも同じです。するとそこで広告がとれる。紹介した商品が売れる。

僕がメルマガを始めた頃は、お金をかけなくても、1週間くらいで購読者は3000人集まりましたが、昨今ではこれだけ集めるのは、けっこう大変です。

つまり、メルマガの購読者を増やしてビジネスに結びつけるという方法は、現在は簡単ではなくなっているということです。

黎明期は、能力の高さや資金の多さではなく、単に「最初に仕掛けた人が勝つ」というルールが機能します。

しかし、市場に浸透すると、ライバルがどんどん増え、資金と能力勝負という、純粋な資本主義のルールになってしまうのです。

◆資本主義になる前に参入せよ

ですから、資本主義が機能する前に参入しなければなりません。

インスタグラム、iPhone X、マストドンといった、最新ツールや最新技術、最新メディアはとりあえず使ってみるようにしましょう。

「これおもしろいよ」と紹介されたガジェットやアプリも、とりあえず使ってみる。そして、それをビジネスに使えないか考えてみる。

かつて僕の友人は、アイフォン仕事術、日本初のツイッター小説という本にして売り出しました。

「俺はそんな流行に左右されたりしない」というガンコさは、特にＩＴの世界では逆に機会損失になってしまう可能性があります。

ツール類を自分でつくる必要はありません。誰かがつくったツールを、商売に応用したり、発信する情報のネタにしたりするだけです。

流行に流されてただお金を消費するのと、好奇心を持ってテストマーケティングするのとでは雲泥の差があります。**いつの時代も、「知的ミーハー」が可能性につながるのです。**

4 お金を稼げるようになる最適なトレーニング

(1)「お金を払ってもらえる立場になるにはどうすればいいか?」を考える

◆盗めるものは徹底的に盗む

サービスを受けてお金を払うときは、次からは自分で同じことがやれるくらい、彼らが

提供するものをじっと観察し、盗むようにしましょう。

たとえばあなたが、転職カウンセリングを受けたとします。

その際、カウンセラーが話す内容と、その意図を汲みとろうとしてみます。

そして、「自分が転職カウンセリングでお金をいただくには、どうしたらいいのか？」を考えるのです。

・彼はなぜこういう質問をしてくるのか？
・彼はなぜそう答えたのか？
・彼はなぜこの仕事をしているのか？
・この仕事でトップレベルになるコツは何か？

ということを考えるようにすると、転職エージェントの仕事は、単なるマッチング業ではなく、転職希望者が自分で気づき、自分で方向性を決められるように導く、コーチのような存在であることがわかります。

そして、**その仕事の本質がわかれば、経験が乏しくても、自分でもできる可能性が開けてきます。**

あるいはホテルに行って、ホテルマンのサービスが素晴らしかったとします。そこで、もし自分がホテルマンなら、その人以上の報酬をもらうためには、どうすればいいかを考えます。すると、サービス業で抜きん出るための要素が見えてきます。

講演やセミナーに出たら、内容だけでなく、講師の話し方、資料の作り方、運営の仕方、会場の環境などをじっと観察します。そして、次からは自分でセミナーができるくらい、注意を払って吸収します。

エアコンが故障して修理業者を呼んだら、その作業内容の一部始終をじっと観察します。すると、次からは自分で応急処置ができ、修理費用を削減することができるかもしれません。

転んでもタダでは起きないといいますか、**せっかくお金を払うなら、盗めるものは徹底的に盗んで、学びのチャンスに変えましょう。**

◆タダで買い物をしない

これは「今なら無料！」などのセールストークにつられるな、という意味ではありません。**「買い物を買い物として終わらせるのではなく、買い物という行為からマーケティングを学べ」**という意味です。

たとえば、ネットで買い物をしたことがあるでしょうか。

注文ボタンをクリックすると、注文確認メールが来ます。そして、発送済みメール、到着後のフォローメールが来ます。

これらにも、ちょっと意識を向けてみてください。そこには、買ってもらう工夫、ファンになってもらう工夫があちこちに組み込まれていることがわかります。

それらは、自分がセールスレターを書くとき、自分がネットビジネスを仕掛けるときのテキストになります。新商品の案内メールも一定の頻度で届きますが、うっとうしくなく、しかも忘れられない頻度はどれくらいなのかを学べます。

店に行っても、よい店員と悪い店員を分かつポイントが見えるようになります。よい店員は、商品を整理する振りをしながら、視界の端では客の動きや視線を観察しています。

そして、客がキョロキョロしたときにすかさず、「お探し物がありましたら、お気軽に声をおかけくださいね」とやんわりとフォローします。

悪い店員は、立ち止まってじっと客を見て、すぐに「何かお探しでしょうか」と声をかけてきます。客は居づらくなって、立ち去ります。

そうすると、自分が接客する立場なら、どういう動きや声かけをすべきかがわかります。

このように、ショッピングという行為も、スキルを学ぶのに役立つのです。

◆メルマガ広告を出す前に300通集めてみる

お金を稼ぐ文章を書くのに、とっておきのトレーニングは、**お金を稼いでいる文章を研究すること**です。

たとえばメルマガ広告を出すときは、ほかのメルマガ広告を300通集めて読み込み、自分がいいなと感じたフレーズを抜き出して、それを組み合わせるのです。

メルマガのヘッダー広告は、だいたい5行程度ですから、エッセンスを凝縮する必要があります。メルマガは飽和状態で精読率も落ちていますから、一瞬で目に飛び込むフレーズを盛り込まなければなりません。そうやって、いかにクリックしてもらえるかを考えます。

保険代理店を営む僕の友人は、保険のＤＭを送る際、他社の保険ＤＭだけではなく、通販やら通信教育やら、何百社という企業の資料請求をして、自分が送るＤＭの研究をしたそうです。

その結果、年商1億円という保険代理店に成長させ、半年に1回程度しか出社しなくてもうまく回る仕組みをつくったのです。

◆雑誌は売れる広告の生きた教材

広告のテクニックは、雑誌からも学べます。特に最後のほうにある、怪しげな通販の広告。なぜ有効かというと、**「売れるキャッチコピーのお手本が満載」の教科書**だからです。

お金持ちになれるという黄色い財布、幸運をもたらしてくれるというパワーストーン、飲むだけでやせるというダイエット食品などなど。どう考えても効果がなさそうで、非常にうさんくさい（笑）。

しかし、これらの広告はほぼ毎号掲載されています。広告を出し続けるということは、それなりに売れているからでしょう。

毎号、数百〜数千万円の売上をたたき出す、たった1ページの広告。当然ここには徹底的に考え抜かれた、「売れる仕組み」が満載なのです。

たとえば、「お客様からの声」「専門家のお墨付き」「期限付き返金保証」「写真」「具体的な数字」「ストーリー性」「おまけ・特典」といった、今ではおなじみとなったダイレクトマーケティングの要素がたっぷり入っています。そのうえ、欲求をかきたてるコピーがぎっしり詰まっている。

ネットは書きたいことを無限に書けますが、雑誌広告は紙面に限りがありますから、効果があるものだけに凝縮されています。

また、怪しい商品の広告は、会社にも知名度がありませんから、純粋に広告の力だけで売っているといえます。

つまり、広告主が必死で考え試行錯誤した集大成ですから、学習教材としては最適なのです。

実際に今、売れている広告が教科書としてそこにあるわけですから、**小難しいマーケティング本を読んで理屈をこねるよりも、こうした怪しい（けれど売れる）雑誌広告を何百、何千と読み込むほうが、何倍も効果があります。**

（2）物事の本質をつねに考える

◆経済指標、統計などの〝数字〟を疑う

「ある統計学者が、街の住民10万人全員に対して、数学力の試験を行ない、同時に全員の脚の長さも測りました。その結果、数学力と脚の長さには強い相関があることがわかりました」

この話を聞いて、おかしいと思いませんでしたか？

そう、住民全員に対して調査していますから、赤ちゃんや子どもも入っています。そうすると、小さな子どもは、当然ながら大人よりも数学力は劣ることになります。けれども、調査結果そのものはウソではありません。

調査対象の範囲が適切ではないこと、脚の長さと数学力の相関関係に何の意味があるのか考えていない、そして、相関関係があるからといって、因果関係があるとは限らない、ということを見破る力を持つ必要があります。

そうでなければ、統計結果に振り回され、不適切な意思決定をしてしまいかねません。

有名なところでは、「家計の貯蓄は1世帯平均で1000万円を超える」という話があります。

しかし、これもボリュームゾーンは800万円くらいで、資産家が平均を押し上げていただけ、というオチがあります。

◆数字を他人につくらせてはいけない

あるいはこんな事例もあります。

「離婚件数は3組に1件。厚生労働省が集計した平成18年人口動態統計の年間推計では、婚姻件数は73万2000組、離婚件数は25万8000組にのぼり、実に3組に1件が離婚していることになる」

よく考えてみると、3組に1人ということは、もし職場に30人いれば、そのうちの10人が離婚している計算になります。違和感がありますよね。

もちろん統計が間違っているわけではないでしょう。とすれば、統計の解釈の仕方が間違っているのです。

つまり、その年に結婚したカップルが、その年内に離婚したのであれば3組に1件というのは正しいですが、この離婚件数には、年内に婚姻した以外のカップルも含んだ数字であり、本来は日本全体の既存婚姻者数を分母に置かなければならないのです。

統計数字は、かように正しく現実を反映しないこともあるので、気をつけなければなりません。問題なのは、お役所や企業さえも、こうした統計を鵜呑みにして政策や対策を立てたりすることです。

誤った解釈からは誤った結果を生んでしまいますから、注意が必要です。

◆儲かっているように表示されるファンド

投資でも同じことがいえます。たとえば、次のような2つのファンドがあり、過去の成績も表示されています。手元の100万円を運用しようと考えたとき、あなたならどちらを選びますか？

・A「年10％の利回り、3か月満期」
・B「年平均利回り10％、3年満期」

表現の違いに過ぎませんか？　いえいえ、実際に計算してみるとわかります。

表のように、ファンドBは目減りする可能性もあるんですね。このように数字のマジックに流されな

儲かるのはどちらのファンド？

ファンドA	100万円+100万円×1.1×3か月÷12か月=102万5,000円 確かに年利10%で魅力的に感じますが、満期が3か月ですから、手に入る利息は10%に満たないのです。
ファンドB	3年間のリターンが、1年目90%、2年目マイナス30%、3年目もマイナス30%だったとしましょう。 (90%+マイナス30%+マイナス30%)÷3=10% となり、年平均利回りは確かに10%です。 でも金額ベースで計算してみると、 100万円×1.9×0.7×0.7=93万1,000円 と目減りしてしまいます。

い注意が必要です。

数字は事実ですが、その解釈は人によって異なります。**単に数字を見る、覚えるよりも、その数字がどうやってつくられ、何がいえるのかをつねに考える姿勢が大切です。**

◆一流ホテルマンはゴミ箱をあさる

接客サービスのコンサルタントをしている知人に聞いた話ですが、一流のホテルマンは、宿泊客がチェックアウトしたあとの部屋に入り、ゴミ箱をあさるのだそうです。

もちろん、「何か落ちてないかな」と考えてあさるわけではありません。宿泊客が何を捨てたかを見て、潜在ニーズを探るのだそうです。

たとえば、ミネラルウォーターのペットボトルが捨てられていたら、ストックが足りなかったのかもしれない。だから、次にこのお客様が来たときには、あらかじめミネラルウォーターを多めに冷蔵庫に入れておこうと考えるのだそうです。

チーズの空き箱が捨てられていたら、次からはチーズを入れておこう。あるいは、ワインのビンが捨てられていたら、同じ銘柄のワインを入れておこう、というふうに。

有名なレストラン「カシータ」に予約して行くと、テーブルの上のメニューカードに自分の名前と、自分のウェブサイトのロゴマークが印刷されています。

実はカシータのスタッフは、予約した顧客の名前をネットで検索し、その顧客がブログを持っていればブログ、ホームページを持っていればホームページを探して、オリジナルメニューカードをつくっているのです。

ほかにも、ワインラベルには自分の名前が印刷され、ナプキンにもイニシャルが刺繍されるほどの徹底度ですから、一回でファンになってしまいます。

顧客の潜在ニーズはいたるところに存在します。けれども、みんなここまでは面倒くさがってやりません。つまり、**一流といわれる人は、やることが徹底しているのです。**

◆「カレー屋とラーメン屋では、どちらが儲かる?」を考えてみる

たとえば、飲食店をやりたいという人から、「カレー屋とラーメン屋、どっちがいいでしょう?」という相談を受けたら、どう答えますか。

僕は「どちらでもいい」と答えます。損得ではなく、自分がより情熱を注ぎ込めるほうを選べばいいと考えるからです。

好きなら続けられる。苦労を乗り越えられる。そうすれば、ほかのライバルがどんどん脱落しても続けられる。そのうち常連客もついてくる。口コミも広がってくる。気がつくと地域ナンバーワンになっている。

ところが、ほとんどの人が、まず先に打算で考えるから続けられない。儲かるかどうかだけで判断するから、ちょっとしんどくなったら心がぽっきり折れる。

だからといって、情熱先行で突っ走っても、儲からなければ仕方がない。そこで、儲かりそうなことに対して情熱を持てるかどうかが大事なポイントです。

◆カレー屋が儲かる理屈

では、情熱は脇に置いておき、単純にビジネスとして考えた場合、カレー屋とラーメン屋では、どちらが儲かるでしょうか。

答えは、味やブランドといった価値を無視して考えると、儲かるのは圧倒的にカレー屋です。顧客の回転率が圧倒的に違うからです。

仕込みにかける時間、注文を受けてからお客様に出すまでの時間、食べる時間……。ラーメンよりカレーのほうが一般的には回転率が高いのです。

カレーが1杯400～500円、ラーメンが700～800円だとして、300円程度の差がありますが、ラーメンを1人のお客さんから注文を受けてつくって出し、食べ終わるまでに、カレーならおそらく2～3人ぐらいは食べ終わっているでしょう。

しかも、カレーはトッピングにカツやコロッケを選んでもらえると、ラーメンと同じくらいの単価になります。

そうやって「どうすれば回転率を高められるか?」「どうすればリピート率、リピートの速さを高められるか?」を考えていくと、そこにブレイクスルーのヒントが見つかります。

◆3D観察力で情報クッキング

料理人は、ひとつの素材を何種類もの料理に仕立てます。

たとえば大根ひとつとっても、ふろ吹き大根、大根おろし、大根のサラダ、大根ステーキ、大根のてんぷら、大根の漬物、たくあん、大根飯、切り干し大根、大根の皮のきんぴらなど、変幻自在です。

情報も同じく、それを扱う人によって、一種類しか使えなかったり、何種類にも使えたりします。

そこで、膨大な情報収集に躍起になるのではなく、少ない情報からでも、多くのアウトプットを生み出せるような習慣をつけるのです。

そのために、**身の回りのものを3D化して見てみましょう。**

たとえば今、僕はノートパソコンでこの原稿を書いています。

そこで、

・企画担当者は、どういうコンセプトでこのパソコンを考えたのか
・設計担当者は、どこに気を配って設計したのか
・この価格設定には、どういう意図があるのか
・マニュアル担当者は、取り扱いマニュアルのどこに注意したのか
・販促担当者は、どのように広告宣伝活動をしたのか
・どのような流通手段で届けられているのか
・次のモデルチェンジ時には、どういう機能が盛り込まれそうか
・この商品は、どういう人にウケそうか

など、ひとつの商品の成り立ちを、頭の中で瞬時に考えてみるのです。
これを、1、2分でパパッと考える。
カフェでラテを飲んでいるときにも、そのラテの生い立ちを想像してみる。
こうしてひとつの商品を消費者サイド、生産者サイド、流通サイドから見るようにする

と、ものごとを多面的、複眼的に見る洞察力が高まります。

第 2 章

知的生活につながる時間術

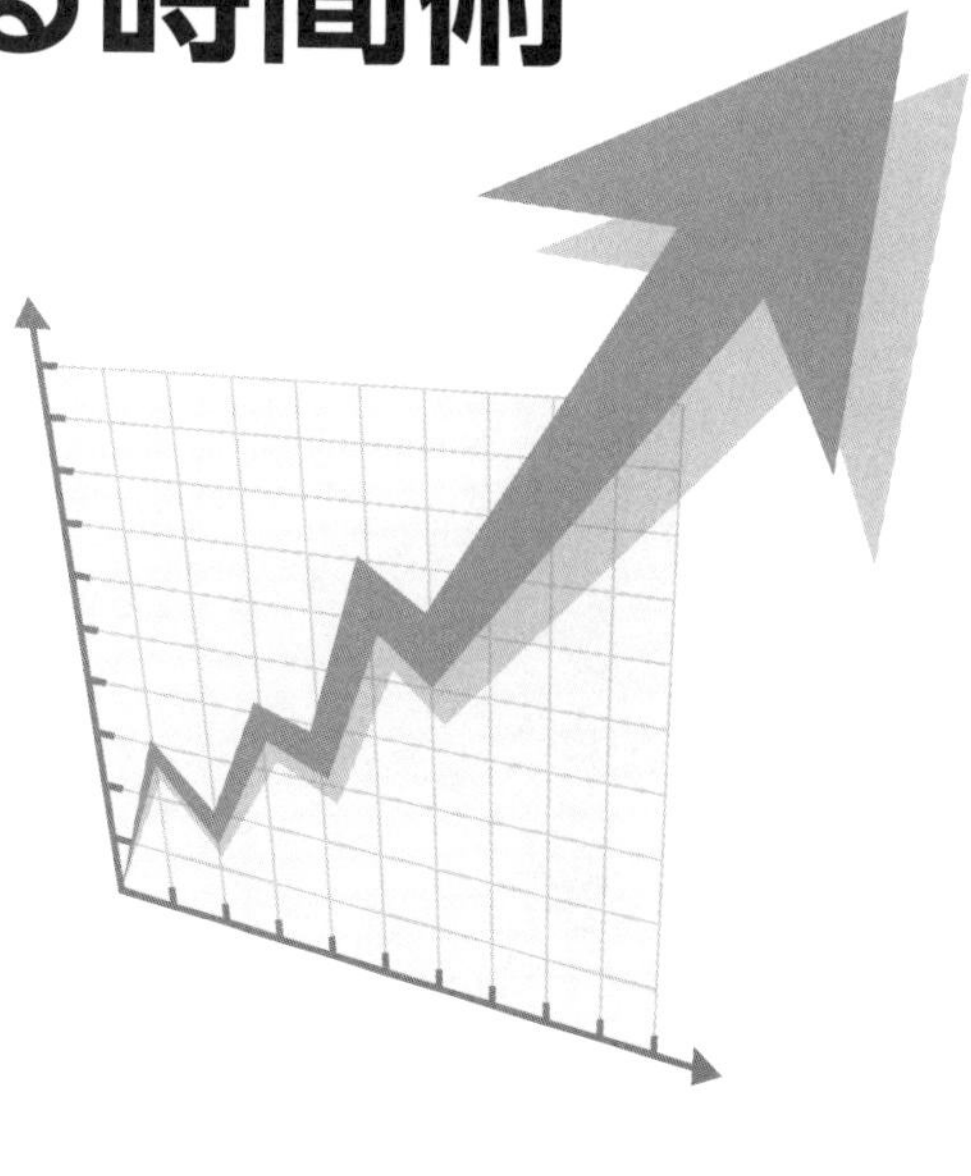

1 スピードアップで2倍濃い人生を送る

（1）人生のスピードを倍速再生する「時短生活」

◆生活全体のスピードを割り増ししてみる

時間を有効活用するために、**「人間とは慣れるものである」**という習性を利用してみましょう。具体的には、日常の動きをスピードアップすることと、同時並行で処理することを習慣にするのです。

これは、同じ時間を過ごしても、人より多くのことが得られるような工夫をしたり、人生を騒々しくするためではなく、深い充実感を得るための工夫です。

車の運転をするとき、一般道を時速50キロで走るのは、だいぶスピードが出ていると感じます。

しかし、高速道路を時速100キロで走った後、一般道に下りると、時速60キロで走ったとしても、遅く感じます。

同様に、自分の動きのすべてを加速させて生活することに慣れると、力を入れなくても自然と速い行動で物事を処理できるようになります。

◆レストランのメニューは1分で決める

たとえば、今日から歩くスピードを、いつもの2倍にしてみましょう。最初は疲れますが、慣れると、いつもの歩くスピードでは遅くて気持ち悪さを感じます。これで歩く移動時間が短縮できます。

あるいは、パソコンのキーボードを、いつもの2倍のスピードで打つように意識してみましょう。これも最初は疲れますが、流していても速く打てるようになります。

ランチに30分かけているのなら、10分で済ませる。洗濯物を干すのに10分かかっているのなら、5分で済ませる。レストランのメニューは1分で決める。コンビニでドリンクを選ぶときは5秒で決める。

あなたが管理職なら、会議の議題の件数は従来どおりでも時間を半分にする。企画書をいつもは1週間かけてつくっているのなら、3日で完成させる。アイデアの提案が普段は10個なら、20個出すようにする。

最初は大変ですが、そうやって加速生活に慣れると、**さらに加速させる余力が生まれます。それが生活全体のスピードを速め、今までの2倍濃い人生を送ることができます。**

「そんなせっかちな人生はいやだ」と感じる人にはお勧めできませんが、「一度しかない人生、もっといろいろなことをしてみたい」という人は、ぜひやってみてください。

◆倍速オーディオ活用術

「速聴」という方法があります。

これも先ほどの理論を活用したもので、いつもの2倍のスピードで聴くことで、普段の理解力を2倍にしようというものです。

僕はこれを、セミナーや講演会などのオーディオ教材で活用しています。60分のオーディオ教材なら、倍速で聴けば30分で終わりますから、人と同じ時間を使って2回聴くことができます。普通の人が2回聴く間に、自分は4回聴くことができるわけですから、定着度が格段に上がります。

速聴に慣れると、理解のスピードも速くなります。頭の回転まで速くなるかどうかはわかりませんが、ノーマルスピードの会話を聴くことがまだるっこしくなります。

僕は録画したアニメを観るときや、DVDで映画を観るときも、再生スピードコントロール機能のついたソフトを使って、1・5倍速で観ています。

これは英語の学習にも使えます。速聴で聴いたあとにナチュラルスピードで聴くと、耳が慣れて聴きとりやすく感じます(この再生スピードコントロール機能は、ソニー製のポータブルオーディオに多くついています)。

（2）頭の中にタイマーを設定する

◆いつものことに制限時間を設けてみる

朝起きてから家を出るまで、15分でやる、と決めてみてください。しばらくは「せわしない」と感じるかもしれませんが、多忙な朝に、無駄な時間が一切なくなります。

歯磨きも、普段は3分かけているところを1分でやるようにしてみると、歯ブラシを動かすスピードが速くなります。

仕事にも、制限時間を設けてみましょう。僕の場合、1日のメールのやりとりは、平日は30〜50件、週末で10件くらいが平均です。しかし、メールは時間の浪費が激しいですから、なるべく短時間で終わらせたい。

普段1時間くらいかかっているから、これを30分で片付ける、と決めてとりかかります。すると、頭が猛烈に回転し、キーボードを打つ手も速くなります。そして、本当に丁寧に書かなければならないメールに時間が割けるようになります。

◆砂時計で時間感覚を研ぎ澄ます

最初は、キッチンタイマーや砂時計を使うと便利です。ヨーイドンでスタートし、一気に片付けます。

雑務も、砂時計をひっくり返しながらこなすと、3分という時間感覚が身体に染み込み、時間感覚が研ぎ澄まされる感じがします。あらゆる雑務を3分で終えるようにするので、スピードが上がります。なかには、携帯ストラップに砂時計をつけている人もいるくらいです。

もちろん、ずっとこんな生活ばかりでは疲れますが、1か月ほどやると、何かをするとき、頭の中で砂時計がスタートします。

制限時間を設けなくても、素早くできるようになりますし、やる前から、「どうやったら超高速でこなせるか？」を考えるようになります。

そうすると、**「これをやる前に、こうダンドリしておくと速そうだ」と、先回りしてものごとを組み立てるようになるのです。**

◆ギリギリストになる

8月31日は、全国の小学生が必死になって宿題をする日です。小学生の頃、それまでほとんど手をつけていなかった宿題が、奇跡のごとく1日で終わった、という経験を持つ人も多いでしょう。

つまり、**スピードアップのひとつの方法は、ギリギリまで手をつけず、最後の締切りパワーでやっつけてしまうこと**です。

僕もよく、締切りギリギリまで何も手をつけずにほったらかしにすることがあります。じわじわと締切りが迫ってきて、「そろそろヤバイ」という状況になってからとりかかると、驚くほどの集中力とスピードでこなすことができます。

講演会の資料も、締切り前日になってとりかかると、60枚のチャートを半日でつくることができます。コラムの原稿も、締切りが迫ってギリギリ限界状態で書いたときのほうが、よい文章になることが多い。コンサルティングの提案も、意外にブレークスルーのアイデアが出ることもあります。

週末にいろいろやろうと思っていても、終わってみればたいしたことができなかった、というように、時間があると、どうしてもだらだらしてしまいがちです。

そこで、締切り直前までほうっておいて、追い込まれたときの集中力でやっつけてしまうのです（本書の原稿も、編集者に催促されてからとりかかっています・苦笑）。

確かに手をつけずにいるのは、のどの奥につっかえた小骨のごとく、気がかりな状態が続くことになります。しかし、これは脳が無意識に情報収集している状態でもありますから、必要悪だと考えて、あえて気にしないことです。

もちろん、仕事の内容によっても、個人のワークスタイルによっても異なると思いますが、「ギリギリリスト」になるのも、**仕事を加速させる有効な方法のひとつ**です。

◆作業を分類してポイント化する

自分が収益を生む仕事と、単なる雑務的な仕事の割合を計る方法があります。それは、**自分の仕事を細分化し、一つひとつの作業にポイントを設定し、計ってみる**というものです。たとえば、

・メール処理：1件当たり1ポイント
・電話対応：1件当たり2ポイント
・営業訪問：1件当たり3ポイント
・会議：ゼロポイント
・経費精算：マイナス1ポイント

というように、収益を生む仕事に高いポイントを付与し、収益にならない活動にはポイントを付与しない、あるいはマイナスにしていくのです。

そうやって1日の最後に点数をつけてみると、自分の仕事の価値が見えるようになり、収益に貢献する時間になっているかを再確認することができます。

2 日常生活もスピードアップ

（1）最適な行動・購入を心がける

◆スピード動線をつくる

生活のスピードアップを図るために最もコントロールしやすいのが自宅です。そこで、家の中の動線を工夫し、無駄な動きを少なくできるように工夫します。

たとえば、**衣装ケースを下着→くつした→ワイシャツ→スーツ→コートと、着替えの順**

番に並べて、素早く支度や着替えができるようにする、というものです。

ほかにも次のような工夫があります。

・モノの配置をユビキタス化する

モノを1箇所にしか置いていなければ、自宅に帰られないとできない、会社に行かないとできない、ということが発生します。そこで、モノを複数箇所に配置する、ユビキタス化を考えます。

たとえば、

・家中のいたるところにティシュペーパーを置いて、とりに行く手間を省く

・本を部屋のあちこちに置いて、どこでも読めるようにする

・スマートフォンの充電器やノートパソコンのACアダプターは会社と自宅の2箇所に置き、つねにフル充電

・ミネラルウォーターをリビングとキッチン、寝室の3箇所に置き、つねに水分補給

といった具合です。

・行動の最適化

自分の行動も、無駄な動きを省く工夫をします。

・エレベーターの待ち時間を減らすために低層階に住む
・エレベーターは「閉じる」ボタンを押してから目的階のボタンを押す
・店は必ず予約してから行き、待ち時間をゼロにする
・都心に出かけるときは、駐車場を探す手間を省くため、タクシーで行く
・ノートパソコンはスタンバイモードにして、画面を開いたときに以前の作業画面からスタートできるようにする
・パソコンは、「ご」と打てば「午堂登紀雄」が、「おせ」と打てば「お世話になっております」が出るように、用語登録をしておく
・メール文章のテンプレートをつくり、コピペする

以上、ほんの一部ですが、朝起きてから寝るまで、自分の行動を一つひとつチェックし、自分の生活スピードを向上させる工夫をしてみましょう。

◆知的生産なお買物

買い物をするときは、**「その商品は、自分に自由をもたらしてくれるか？」**という視点を加えて選んでみましょう。そうすると、快適さと時短が両立できる、賢い買い物ができるようになります。

たとえば、

・洗濯物をたたまなくてもそのまま収納できるケースを買う
・干すだけで洗濯物のしわが伸びるスプレー
・自宅の玄関ドアをリモコンに切り替え、カギの開閉の手間をなくす
・全自動洗濯機で、洗濯物を干す手間を省く
・自動食器洗浄機で、後片付けの手間を省く
・英会話は出張レッスンにして、スクールに通う手間を省く
・ロボット掃除機で、外出中に部屋の掃除が終わっているようにする
・スマートフォンなど添付ファイル閲覧機能のついたモバイルツールで、いつでもどこでもメールチェック

・自宅のコピー機も自動紙送り機能があるものにして、複数枚をまとめてコピー
・クルマにエンジンスターターをつけて、フロントガラスの霜とりをしてすぐに発車
・携帯電話でエアコンを遠隔操作できるようにして、帰宅時には快適な室温に

など、これもほんの一部ですが、時短生活を意識すると、いろいろ便利なモノやサービスが見つかります。今度の週末は、ぜひ大型家電量販店に行ってみてください。

あるいは、「これ面倒くさいな」「これ時間がかかってイヤだな」という感覚を意識してみると、誰も参入していない新しいビジネスのタネを発見できるかもしれません。

（2）知的生産を高める睡眠法

◆時短睡眠の生活を身につける

睡眠時間を短くすることができれば、1日を長く使うことができますから、より多くのことができます。1日1時間、今より睡眠時間を短くできれば、1年で365時間、30年で1万9500時間余計に使うことができます（456日分！）。

しかし、無理に短くしてしまうと、頭がボーっとして、逆に生産性が低下してしまいます。ですから、今がギリギリの睡眠時間だと思えば、これ以上無理をしないほうがいいです。けれども、ダラダラ布団の中で過ごす傾向がある人、夢をよく見る人、いつまでも寝られるという人は、必要以上の睡眠時間をとっている可能性がありますから、見直す余地があるでしょう。

また、「会社に行きたくない」「仕事がつらい」などの心理的ストレスが大きい人は、睡眠時間が長くなる傾向があるそうですから、ストレスマネジメントを優先させたほうがよい人もいるでしょう。

僕のような経営者や、個人自営業者なら、ある程度時間の融通が利きます。たとえば、夜は短時間睡眠になったとしても、日中に仮眠をとって不足分をカバーすることができます。しかし、デスクワークのサラリーマンの場合は難しい。

そこで、集中力を損なうことなく、ギリギリまで睡眠時間を短くする工夫をします。

・早寝早起き

単純ですが、やはりこれです。12時には寝て、6時に起きるという、規則正しい生活が時短睡眠のコツです。しかし、多忙な社会人には現実的ではないかもしれません。

・お酒を控える

寝ている最中にもアルコールを分解するために肝臓が全力稼動していますから、疲れがとれず、睡眠時間が長くなってしまいます。そこで、お酒を控え、寝る数時間前は飲まないほうがよいでしょう。

・満腹を控える

お腹がすき過ぎても寝入りが悪くなりますが、満腹状態で寝ても、先ほどのアルコールのように、睡眠中も胃が消化活動をしていますから、体が休まりません。

ちょっとお腹がすいたな、くらいで寝るのがちょうどよいでしょう。すると、朝は空腹感で目覚めることができます。

・ぬるめのお風呂に入る

熱い湯に入ると目が覚めますが、ぬるめのお湯につかってから布団に入ると、寝入りが早くなります。入浴剤を使ってもよいでしょう。

・夏は冷房をガンガンかける

夏はエアコンをカンカンに効かせて布団にくるまると、とても気持ちよく寝入ることができます。これは僕だけかもしれませんが、すぐ寝入ることができる環境をつくる工夫です。

・全力で仕事する

疲れれば、横になるとすぐに眠りに落ちることができます。そこで、当たり前ですが、ヘトヘトになるまで仕事する、ということです。ヌルい仕事の仕方をしていると、疲労がありませんから寝つきが悪く、逆に朝起きられなくなります。

・起きたらすぐ熱いシャワーを浴びる

熱いシャワーで目を覚まします。一番怖いのは二度寝ですから、いったん目が覚めたら風呂場に直行しましょう。

ちなみに、朝早く起きるのを習慣にするためには、最低2週間ガマンする必要があります。2週間は忍耐です！

・早朝に予定を入れる

昨今は、早朝読書会、早朝英会話、早朝勉強会など、出勤前の時間を使った集まりが増えていますから、こういうものを利用するのも手です。

あるいはブレックファストミーティングなど、仕事を入れてしまうのが最も効果的です。

寝坊するわけにはいかないですからね。

人によって使える、使えないは違うと思いますが、いろいろな方法を試し、自分に合ったやり方を模索してみましょう。

◆誰でも睡眠学習がマスターできる方法

睡眠学習というと、僕が中学生の頃、枕に埋め込まれたオーディオプレーヤーから小さな音声が出て、寝ているうちに記憶できる、という怪しげな通販商品がありました。

しかし、そんなことをしなくても、誰でも睡眠学習をすることができます。これは、**睡眠によって情報が整理・格納されるという、脳の機能を活用した方法**です。

それは、

・キリの悪いところで仕事を終える
・気がかりな状態をつくっておく
・暗記作業、考え抜く作業をしてから寝る

という方法です。

・キリの悪いところで仕事を終えて帰る

キリのいいところで仕事を終えて帰宅すると、仕事のことをきれいさっぱり忘れてしまい、思考のアンテナをたたんでしまいます。そこで、次の仕事に少しとりかかった状態で帰るのです。

すると問題意識のアンテナが立ったままなので、帰り道でどこかに寄ったり、誰かと会ったりしたときでも、そのアンテナにいろいろな情報がひっかかってきます。

そうした情報が睡眠中に整理され、翌朝会社に行ったとき、前日よりもスムーズに、かつ最初からトップスピードで仕事にとりかかれます。

・気がかりな状態をつくっておく

これも同様の方法ですが、つねに気がかりな案件を抱えておくと、その案件に役立つ情報を、生活の中で抽出するようになります。

それがやはり睡眠中に整理され、結合、化学反応を起こし、あるとき突然、ブレークスルーとなるアイデアが降ってくるのです。

・考え抜く作業、暗記作業をしてから寝る

記憶の定着や思考の整理は、睡眠中になされますから、記憶するには睡眠が重要ですし、思考が煮詰まったときにも睡眠が効きます。

そこで、暗記物は夜寝る前にして、翌朝すぐに復習すると、記憶の定着率が高くなります。

また、ウンウンうなって考えてから眠りにつくと、翌朝目覚めたふとんの中とか、シャワーを浴びている最中に、突然アイデアがひらめきます。

3 24時間無駄なく過ごす方法

（1）生活の中の待ち時間をなくす

◆小さなお金より、小さな時間を大切にする

生活の中から無為に過ぎていく時間をなくすには、集中力が必要です。集中力があれば、複数の作業を同時並行できますし、細切れ時間も有効活用することができます。

しかし、四六時中集中しているのは疲れますし、現実的ではありません。そこで、意識

しなくても無駄な時間をなくせるようにしておくことです。それが、「**待ち時間をなくす**」ということです。

1日の生活の中には、結構な頻度で待ち時間が発生しているものです。

たとえば、コーヒーを飲むたびにお湯を沸かすのは、待ち時間が発生するので、電気ポットにはつねにお湯を沸かしておく。電車の待ち時間には、携帯電話やスマートフォンでメールをチェックし、すぐ返信が必要なものか、あとでもよいものかを判断する。

これ以外にも、次のような工夫をすることで、待ち時間を減らすことができます。

・パソコンの待ち時間をなくす

パソコンの電源を入れて立ち上がるまでの時間が無駄なので、スタンバイモードにする。あるいは、パソコンの電源を入れてから、コートをハンガーに掛けたり、コーヒーを入れたり、トイレに行ったりという並行処理で待ち時間をなくす。

そのパソコンも高速マシンにしてサクサク動くようにしておく。これだけでも、積み重ねると相当の時間の節約になります。

・他人からの待ち時間をなくす

チームでする仕事、外注を使う仕事、上司の判断や決裁が必要な仕事は、相手からの待ち時間が発生します。

そこで、相手がある依頼を先に出し、そのあとで自分の仕事をすれば、自分の仕事が終わった頃に相手からの仕事が戻ってくるので、待ち時間を減らすことができます。

・快適な環境になるまでの待ち時間をなくす

夏は家に帰ると部屋の中が蒸し風呂状態ですから、エアコンが効くまでの時間は暑くて何もできません。

そこで、帰宅前に携帯電話で遠隔操作をしてスイッチを入れておくと、帰宅時には涼しい部屋になっています。そういう機器をつけなくても、タイマー設定にしておけばよいでしょう。

環境問題はとりあえず横に置いておくとして、電気代をもったいないと思うより、時間をもったいないと考える。そうやって、「待ってイライラする」という素直な感情に向き合ってみると、待ち時間解消の方法が見えてきます。

◆転んでもタダでは起きない～待ち時間の使い方

それでも、待ち時間は突然やってきます。

人身事故や信号トラブルで電車が止まってしまったとか、交通事故や道路工事で大渋滞に巻き込まれた、という場合でも、不運を嘆くのではなく、**「転んでもタダで起きてたまるか」**と考えるのです。

僕はクルマで出かけるときは、必ず映画やアニメのDVDを持っていきます。カーナビにディスクを入れると映画が観られるので、渋滞で止まっているときもイライラしないで快適な時間になります。もちろん渋滞回避機能のついたカーナビにしていますが、抜け道がないこともありますので。

自分が使う電車の運行状況にトラブルがあれば、携帯電話にメールが来る設定にしているので、早めに出るとか遅めに出るとか、路線を変えるとかで対応できます。

待ち合わせに相手が遅刻してきたときはむしろチャンスです。カフェやホテルのラウンジ、書店などで待ち合わせれば、待ち時間も快適になるからです。外で待ち合わせるのはイライラするので避けましょう。また、商談ならばこちらが優位に立てるというメリットもあります。

(2) 時間術を不要にする方法

◆少ない経験のときに好き嫌いで選ぶと、新しいチャンスを逃す

世の中には、数多くの時間術、タイムマネジメント、効率化をうたう本が出ています。ビジネス雑誌でもよく特集が組まれます。

しかし、こういうものを一切不要にする方法があります。

それは、**「おもしろいと思えることだけをやる」**ということです。

好きなことなら、長時間も苦になりません。おもしろいことなら、報酬が安くても苦になりません。

「早く終業時間にならないかな」「早く週末にならないかな」「明日は月曜日、憂鬱《ゆううつ》だな」という感覚がありませんから、不平不満も最小限で、迷わず仕事に邁進できます。そうすると、毎日がパラダイスです。

結局、好きなことを仕事にするか、仕事を好きになるか、そのどちらかを実現しなければ、充実や成功といった人生にはならないのです。

しかし、人生経験が浅いうちに好きか嫌いかで絞り込んでしまうと、自分の可能性を狭めてしまうおそれがあります。

僕自身、不動産ビジネスを始めたのは34歳のときですから、自分の好みにこだわっていたら、きっと出会えなかっただろうと思います。

また、スポーツや文化・芸能と同様、仕事もある程度上達しなければ、本当のおもしろさはわからないものです。

文章を書く仕事も、最初はウンウンうなって大変でしたが、少しずつ上達し、自分の感覚をさまざまな言葉で自由に表現できるようになると、書くのが楽しくなりましたから。

◆仕事も他人も変えられないが、自分は変えられる

そこで、まずは**選り好みせず何でもやってみること**。そして、今の仕事がおもしろくないなら、おもしろくなるように自分の関わり方を変えることです。

これが意識しないでできるようになると、もう無敵です。どんな仕事でも楽しめますから、職業の選択肢が格段に広がり、仕事がないとか就職できないという不安とは無縁になります。

仕事がつまらないとか、こんなことをやるためにこの会社に入ったのではないといった不平不満ともおさらばです。

僕も社員と一緒にパンフレットを折って配ることがありますが、スピードを上げるためにはどうすればよいかと工夫すると、単調な作業も楽しくやることができます。

会社や他人に頼り、相手が変わることを期待すると、思い通りにならないとき、人は不

満という感情を抱きます。

しかし、「会社も他人も変えることはできない。変えられるのは自分のみ」と考えておくと、自分の関わり方がポジティブに変わり、あらゆることが楽しくなるのです。

第３章

マルチプル時代を生き抜く知的生産術

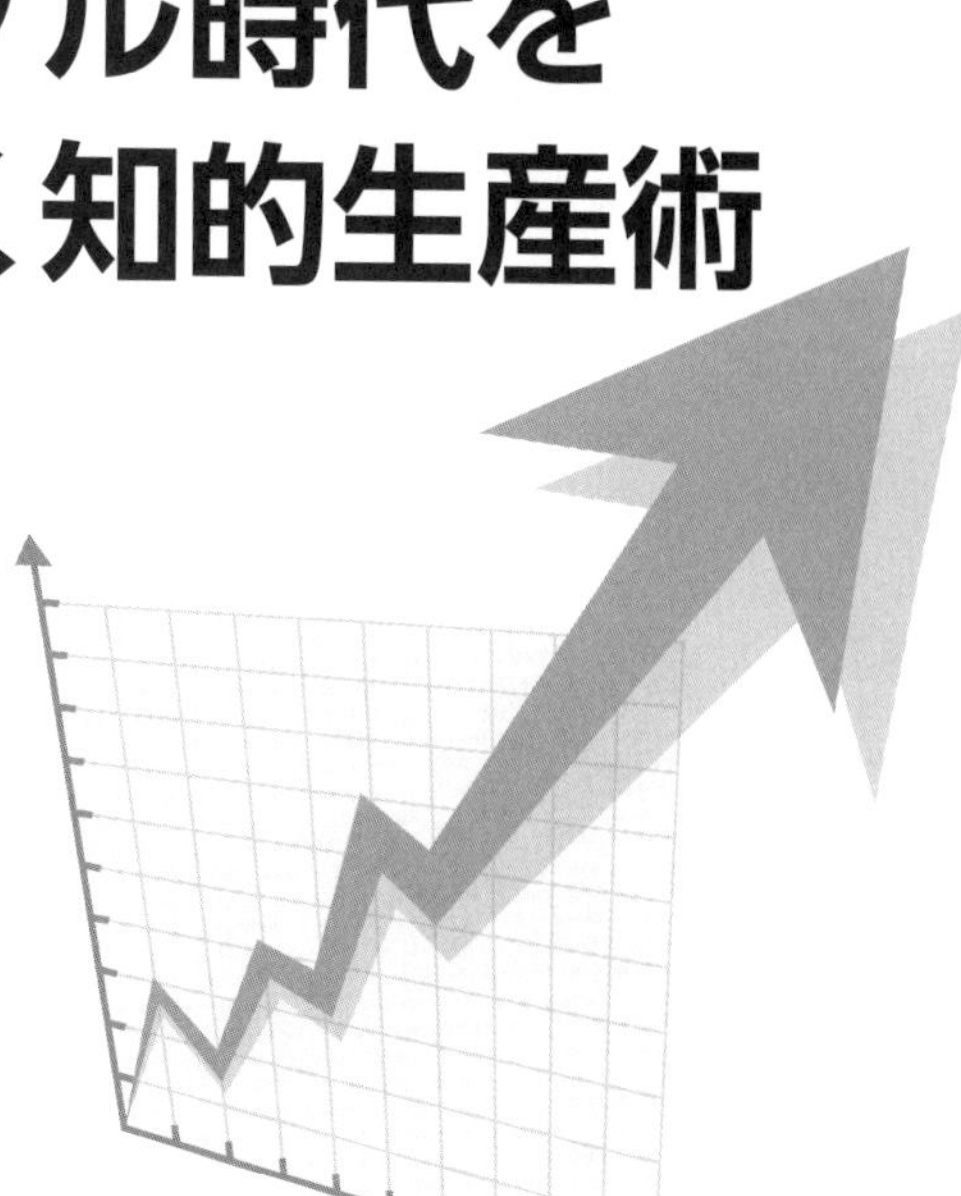

1 複眼思考で多様な人生を送る

（1）複眼思考でビジネスチャンスを広げる

◆世の中はマルチプル時代

マルチタスク、マルチカルチャー、マルチプルインカム、マルチリンガル、マルチメディア、マルチメンタリティ、マルチプル経済……。

世の中は、「マルチ」化、「マルチプル」化が進んでいる印象を受けます。企業経営でも単一の商品・サービスはいつか飽きられるため、周辺分野に手を広げていく必要に迫られています。情報発信も、ペーパーメディアとオンラインメディア、さらに口コミなどを加えてクロスメディアを考える必要があります。

収入源も、「給与収入」ひとつだけでは心もとないため、複数の収入源をつくることによって、人生の余裕と選択肢が広がります。だから僕も、「家賃収入」という自分の労働力に依存しない収入源をつくる支援をするビジネスを手がけています。

人の2倍の収入を得ることもうれしいですし、人の2倍人生を楽しめることもまたうれしいものです。老後にしたって定年の60歳から平均寿命の80歳まで20年もの長さがありますから、まったく新しい人生をつくり出すことも理論上は可能です。

そんなマルチプル時代を最大限に楽しむには、思考や発想をマルチプルにする必要があります。つまり自分の専門領域にこだわることなく、専門分野の境界を越えようとしてみることです。

そのためのひとつのキーワードが「**複眼思考**」です。

◆複眼脳を手に入れろ

僕は岡山県の牛窓という、海と山に囲まれた田舎で生まれ育ったので、幼少時代の夏休みは、朝から晩まで虫を追いかけていました。

虫をとるとき、セミは後ろから近づけば捕まえることができますが、トンボは後ろから近づいても逃げてしまい、捕まえられません。なぜなら、トンボの眼は「複眼」という構造をしているため、後ろから近づいてくる敵が見えるからです。

僕たちも、トンボのような「複眼」を持つことで、ひとつの出来事やひとつの現象から、いろいろなものが見えてくるようになります。

けれども、ここでいう複眼というのは、眼そのものではなく、眼の奥にあるもの、つまり「脳」です。人間は見たいものしか見えないように、眼に映った情報を処理するのは「脳」なのですから。

(2) 結果の違いをもたらす考え方の違い

◆違いを生む違いを探す

成功者と自分を比べて、いったい何が違うんだろうかと考えたことはあるでしょうか。年収や企業規模、知名度といった表層的な違いではありません。それは単なる結果に過ぎません。そうではなく、**結果の違いをもたらしている違い**のことです。

成功者は何をどう考え、どう行動したのか、そしてそれが何に作用したのか。つまり、自分と成功者をへだてている思考と行動の「違い」は何かに注目することが必要です。

たとえば、外国でテロが起こったとします。多くの人は、その国への旅行や出張を控えます。しかしＩＴ会社を経営する僕の知人は、「今が一番安全で、しかも安い」といってパリへ旅行に行きました。

彼の発想はこうです。

テロ直後は厳戒態勢が敷かれているため、小さな犯罪も起きにくい。テロには準備が必要だし、同じ場所で繰り返し爆破などをする理由もない。

だから、政情不安で紛争が多発している国でない限り、テロ直後はテロも犯罪も起こる可能性は低く、極めて安全である。そして、誰も行かないから旅行代も極めて安くあがる。

こういう発想ができるかどうかが違いをもたらします。

◆違いを生み出す考え方の違い

「筆王」という年賀状作成ソフトを開発した坂本桂一氏の話です。

かつて、大手の取引先からクレームがあったときのこと。電話は金曜日の夜、熱海のホテルからで、これから役員会だという。そして、「月曜日に会社に来て説明しろ」と言われたのです。

もしあなたならどうしますか。

彼はすぐにスーツに着替えて車に乗り、1時間半後、ホテルのロビーで頭を下げたそうです。

するとクレームを言った取引先の部長は、「まさかこんなにすぐ来るとは」と絶句し、「こっちも少し言い過ぎた。いや、悪かったな。わざわざこんな遠くまでありがとう」と逆にねぎらいの言葉までかけてくれたそうです。

しかも、それを知った取引先の社長から、「そこまでしてくれるなんて、お前が日頃からいい人間関係を築いているからだろう。坂本というのは偉いやつだから大事にしてやれ」と逆に評価が上がったということです。

こういう行動ができるかどうか。

結果の違いをもたらすものは、行動の違いです。では、行動の違いをもたらすものは何かというと、**「考え方」の違い**です。

違いを生む「考え方」をいかに生活の中で磨き、展開していくか、それが大事なのです。

2 マルチタスク処理できる組み合わせを考える

(1) 生活マルチタスク化計画

◆単純作業は同時並行で

集中力があるときは、ひとつのことだけを集中して撃破し、また次のことに集中して撃破していくのが効果的です。

しかし、生活の中には、それほど集中力を必要としないこともたくさんあります。そこで、これらは同時並行でこなしていきます。

ひとつの活動をするために、ほかの活動を犠牲にすることなく、**マルチタスク処理ができないか**を考えてみましょう。

たとえば、タクシーに乗って携帯をかけることで、移動と打ち合わせを同時に処理することができます。退屈な会議の最中には、経費精算や翌週の企画書の構成を練るといったことが可能です。洗濯機は寝る前に回すと、睡眠と洗濯が同時にできます。ジョギングしながら英会話のオーディオを聴くことで、運動と英語学習が同時にできます。

このように、一時が万事、マルチタスク化を意識していると、雑務が驚くほどの短時間でこなせるようになります。

◆2冊同時読み

僕の最近のお気に入りは、2冊同時読みです。文字どおり、同じ分野の異なる本を左右に置いて同時に読んでいく方法です。

この方法は、特に雑誌におすすめです。たとえば「週刊ダイヤモンド」と「週刊東洋経済」は、よく似た特集をするので、同時にめくっていくと、それぞれの主張の違い、切り口の違いがわかり、情報の偏りを正してくれます。

「プレジデント」、「日経ビジネスアソシエ」、「THE21」を同時にめくっていくと、それぞれの切り口でビジネススキルや世相を表現しているので、新しい本の企画やネタを思いつきます。

◆ジェットストリームアタック仕事術

ガンダムというテレビアニメに出てくる、モビルスーツのドムを乗りこなす「黒い三連星」をご存じでしょうか。3機のドムによって仕掛ける彼らの攻撃が、「ジェットストリームアタック」です。

これは、1機目の攻撃がかわされても、後ろに隠れた2機目が直後に攻撃を放ち、それがかわされても、その後ろに隠れた3機目が続けて攻撃して、相手を撃破する方法です。

仕事も同様に、一の矢が外れても、二の矢、三の矢を、矢継ぎ早に放つことが求められます。

たとえば、調査でAという仮説を検証したが違っていた。そこで、Bという仮説を検証する。それもダメならCという仮説を検証する、というふうに。

ホームページに新商品情報を掲載して効果がなければ、プレスリリースを出す。それでも効果がなかったら、広告を打つ。

営業先で「いらないよ」と断られたら、「そうですか」とスゴスゴ帰ってくるのではなく、「今どんなことで困っておられますか」と情報を引き出そうとしてみる。「特にないよ」と言われれば、「では、こんなことはありませんか」と話を向けてみる。

そんなふうに、ひとつがダメでも、次、次と、打ち手を準備しておくことで、目的や目標を達成できる可能性が高まります。

3 「壁を超える」スキルを育てる

（1）変化の壁を超える技術

◆つねに未体験の環境に飛び込む

日常の業務を通じて無意識的に身についた能力は、財産である代わりに、新しいことに取り組んだり、新しい環境に適応しようとする際には、むしろ邪魔になることもあります。なぜかというと、多くの場合、変化に対応すべく獲得したスキルではなく、過去の延長線上の業務で対応してきたスキルだからです。

サラリーマンでも、年配になればなるほど、新体制、新制度、新事業、新会社などに否定的になりがちです。

ルーチンで獲得できる能力しか持っていなければ、まったく新しいことに順応した経験がほとんど得られないことになります。

人は未体験のものには不安や恐怖心を感じますから、彼らは変化に対応する自信がなく、ストレスとなり、反発するしかないのです。

ですから、**違う環境、新しい環境でも通用するかどうかは、どれだけ「意識的に」新しいことに取り組み、変化を乗り越える成功体験を獲得していくかにかかっているのです。**

そのためにも、目先の経済環境や会社がどうなるかを心配する前に、まずは**自分がほかの世界でも通用するスキルを育んでいるかをチェックする**ようにしましょう。

（2）専門性の壁を超える技術

◆抽象度を上げる

たとえば、プロスポーツ選手やプロ棋士といったまったく異なる職業の人同士が、人生論やビジネス論として対談をしたり、本を書いたりすることができるのは、専門性の壁を超える技術を持っているからです。

自分の経験したことを、会社や職種が変わっても、業界が変わっても応用できるためには、**自分が身につけているスキルの抽象度を上げるトレーニングをする**ことです。

たとえば、宴会の幹事を務めたとします。仕事にはあまり関係ない、面倒くさい役割だと多くの人は感じるでしょう。しかし、幹事の仕事は多岐にわたります。

部長や課長など役職員の日程を確認し、スケジュール調整をする。おおよその予算と人数から、最適な店を決める。若手に芸などの出し物をお願いして、場を盛り上げる工夫をする。リマインドメールを送るなどして人数を確定する。当日は上司を上座に案内し、飲み物を注文する。挨拶の順番や料理の進行に気を配る。会費をもれなく集めて会計をする。

宴会の幹事という仕事の抽象度を上げると、「プロジェクトマネジメント」に置き換えることができます。すると、**幹事という仕事を飛び越え、通常のプロジェクトに応用できます**し、プロジェクトマネジメントができる人は、幹事もスムーズにこなすことができるといえます。

社内広報誌の制作という、地味に見える仕事でも、コンテンツの企画力、取材力、文章力、見出しのコピー力、デザイン力など、さまざまなスキルの総合であると捉えることができます。

こうやって日々の業務や雑務の抽象度を上げるクセをつけることで、少しずつ専門性の壁を超えられるようになります。

◆ビジネスノウハウを書く

もうひとつ、専門性を超える方法のひとつが、**ビジネスノウハウを書く**ということです。

これはブログでもメルマガでもいいですし、ビジネス書の出版を目指すのもよいでしょう。

たとえばビジネス書は、自分の経験と情報を組み合わせ、普遍化することによって、読んだ人が成功を再現できるコンテンツに変換する作業です。

商業出版ならばなおさら、時間術にしろ仕事術にしろ、自分の個人的な体験を普遍化して知恵に昇華させ、読者が使える内容を書くことが求められます。

また、独りよがりな文章を避けるため、想像力を働かせて自分の文章に客観性を与えていくことも大切です。

そうした**普遍化プロセス、客観化プロセスを経ることによって、自分の専門分野以外のことにも、素早く本質を見抜き、応用できる**ようになるのです。

（3）時代の壁を超える技術

◆「常識」は「つねに変わる知識」

新しい遺跡が発掘されれば、歴史観や時代考証も変わります。戦時中は軍人になることが賞賛されますが、戦争が終われば戦犯扱いです。

経済が順調に拡大していれば「貯蓄から投資へ」がスタンダードな価値観になりますが、不況期には「現金化しよう」「起業しよう」が叫ばれます。

好況期はゼネラリスト、不況期はスペシャリストになろうといわれますが、混迷期はマルチプル・スペシャリストか、スーパーゼネラリストでなければ生き残れなくなります。

ちょっと前の勉強術を説く本の多くは、机に座ってテキストを広げることが前提の、受験勉強の延長でした。しかし、これからのビジネスパーソンの勉強は、机に座ってできる以外のことにシフトしています。

かつては新聞を読むことが情報収集の基本でしたが、昨今はネットに主流が移りつつあります。膨大な情報は、最新情報も瞬時に陳腐化させるようになりました。

フロッピーディスクが消えてCDに、CDからDVDになっていくように、DVDもブルーレイディスクも消えて、すべてオンラインダウンロードになっていくかもしれません。畳をつくる技術を持っていても、フローリング全盛になると不要になります。手作業が自動化され、ノウハウはソフトウエア化していきます。

人の考えや状況は変わり、**常識も変化します。**「常識」とは、「つねに変わる」「知識」といえます。そこで、**自分が取り組んでいるテーマは時代を超えて通用するのか、**意識してチェックしていく必要があります。

◆パーソナル・スキルファンドを組成する

投資信託は、いくつもの株や債券を組み合わせることによってリスクを分散しています。つまり、ひとつの銘柄のみに投資すると、それが下落したら損失になってしまいますが、ほかの銘柄でカバーできれば、全体としては損失が最小限になる、というものです。

これは僕たちのスキルにも同じことがいえます。レコードをつくる技術を持っていても、ＣＤに駆逐される。銀塩フィルムの技術もデジカメに駆逐される。

書類作成はコンピュータにとって代わられ、国家資格者も余ってくる。モノづくりだけではなく、サービスまでもが海外の人材に置き換えられる。

今は稼げているスキルも、時代が変われば需要が激減するかもしれない。そこで、自分のスキルのニーズが将来どうなるかを考えつつ、仮に陳腐化しても、ほかでも稼げるスキルを育てておく必要があります。

つまり、**スキルのファンド化をしておく**のです。

僕の場合でいえば、不動産の技術、投資の技術、講演の技術、文章の技術、経営コンサルティングの技術というように、**複数のスキルセットを組み合わせ、リスクヘッジし、全体で稼げる**ようにしておくということです。

自分はどういうスキル銘柄を保有しているのか。相場はどうなっているか。パフォーマンスはどうか。将来性はどうか。今後どういうスキル銘柄を取り込む必要があるか。複数のスキルセットでリスク分散する、スキルのファンド化を意識してみましょう。

4 マルチプル時代を生き抜く生活術

(1) 効率的に1日を過ごす習慣術

◆1日休暇ではなく、半休を活用しよう

有給休暇をとるとき、1日とるのではなく、午後からの半日をとるようにしてみましょう。丸々1日休みがあると、なんとなくだらけてしまいますが、午前中は会社に行かなければならないとなると、朝は普段どおり起きることになります。

それに、時間が短いということもあって、仕事とやりたいことの両方に集中できます。

しかも、半休だったら2回分とることもできますから、有効に時間を使えるタイミングがぐっと増えます。

会社によって、半休のとりやすさは違うと思いますが、**もっと半休を活用してみてはいかがでしょうか。**

◆朝にやってはいけないことリストをつくる

僕にとってのゴールデンタイム、つまり、最も集中できる時間帯は、午前中です。そこで、**朝は収入に直結する仕事をやろう**と決めています。会社員であれば、最も難易度の高い仕事、緻密さを要求される仕事などが当てはまるでしょう。

朝がはかどれば、1日を終えるとき、とても充実した気分になりますが、朝がダラダラしていると、1日中ダラダラ感が残り、達成度も満足度も低くなります。おそらく、朝の使い方が、その日1日の生産性を決めるのだと思います。

そこで僕は、次のような**朝にやってはいけないことリスト**をつくっています。もちろん、人によってワークスタイルが異なるので、あくまでこれは僕個人のリストです。

・新聞を読む
・テレビを見る
・ネットサーフィン
・緊急でないメールの返信
・長い会議
・交通費の精算など雑務
・日報・業務日誌を書くなど、思考力を要しない作業

これを見て、「それじゃあ、やることなくなっちゃうよ」と思う人は、利益につながる仕事をやっていないかもしれない、と振り返ってみてください。

◆何もやる気が起きないときにやることをリストアップしておく

集中力があるときは、インプットもアウトプットもサクサク進みます。しかしどんな人でも、何もやる気が起きないときはあるものです。

そんなとき、自分の疲労度に応じて何をするかをリストアップしておきます。僕の場合、

重症度1：仕事や執筆をする気になれない
↓本を読む、雑誌を読む

重症度2：本も雑誌も読む気になれない
↓部屋の片付け、模様替え

重症度3：片付けをする気にもなれない
↓読みたかった漫画を読む、観たかった映画を観る

重症度4：娯楽をする気にもなれない

↓散歩、ジョギング

重症度5：外に出る気にもなれない

↓寝る

というふうにしています。人によっては、録画したテレビ番組を観るとか、ウィンドウショッピングに行くとかあると思いますが、疲れたとき、モチベーションが下がっているときにも**「とにかく何かやれる」というものを準備しておくと**、時間を浪費せずに済みます。

◆優越感に浸れる環境をつくる

僕には、普段よりもモチベーションが高まり、気分よく集中できる時間があります。

・飛行機の中で、みんな寝ているとき
・新幹線の中で、周りがお酒を飲んでいるとき
・週末、みんなが遊んでいるとき

こういうときに、自分は一人ノートパソコンに向かい、絶え間なく原稿のキーボードを打つ。パワーポイントでチャートをつくる。すると、周囲からチラチラ見られる。

これ、スゴク気持ちいいんですよね。自分が人より一歩前進している実感が湧く瞬間です。自分が勝手にそう思い込んでいるだけですが、集中してはかどるのです。

そして、その代わり平日に遊ぶ。平日はビジネス街で遊ぶと落ち着かないので、観光地へ行きます。空いているし、値段も安い、というわけです。

(2) 無駄な時間を減らし、生産性を上げる

◆一歩先を読む

一歩先を読むとはどういうことか。

「もう1杯飲みたいな」→「明日は二日酔いになって1日無駄にするかもしれない」→「今日はもう控えておこう」

「電車に乗り遅れそうだから急ごう」→「雨が降っているので、滑って転んで大けがをするかもしれない」→「濡れているところは慎重に歩こう」

というように、**今の自分の行動が、のちにどういう影響を及ぼし、どういう結果を生むかを先回りして考える**、ということです。

駆け込み乗車をして骨折する人は、「電車のドアが閉まる」という目の前の出来事に反応しているだけで、自分の行動がどういう結果をもたらすことになるかを想像できていないのです。

感情で反応するのではなく、想像力を働かせて行動することで、生産性を阻害するリスクを回避することができます。

僕の場合は、一度経験したことを教訓としています。あまりに確率の低いことはなかなか想像できないですし、あらゆる想定をしようとすると、疲れてしまいますから。

たとえば、ついつい雰囲気で飲みすぎてしまい、次の日の朝はだらだら寝てしまった経験がストッパーとなり、今はなるべく一次会で帰るようにしています。

雨の日に、階段を駆け下りていた人が、滑って頭から落ちて救急車で運ばれた光景を見てからは、雨の日は慎重に歩くようになりました。

ギックリ腰になる人を見てからは、重いものを持ち上げるときには、十分に腰を落として、ゆっくり持ち上げるようになりました。

一つひとつの自分の行動を立ち止まり、それは感情で反応しているだけなのか、あるいは先を読んだ行動なのかをチェックしていく。すると、それが習慣となって、リスクを避けつつ、より生産性の高い時間を手に入れることができます。

◆デフォルト化する～考えなくて済むことを増やす

思考も行動も生産性を高めることにフォーカスするため、余計なことに脳の思考領域を奪われないような工夫が必要です。つまり、**日常生活で発生する、知的生産とは関係のないTODOを省いていく**のです。

たとえば、

・定期券を買わなくちゃ↓6か月分の定期を買っておく
・トイレットペーパーを買わなくちゃ↓大量にまとめ買いしておく
・携帯電話代をコンビニで払わなくちゃ↓口座引き落としにする
・彼女の誕生日に花を贈らなくちゃ↓誕生日配送サービスを申し込む
・天気予報を確認しなくちゃ↓超軽量折りたたみ傘をつねに持っておく

こうやって、デフォルト化(標準設定)しておくことで、日常の瑣末《さまつ》なことに煩わされることを減らし、もっと重要なことを考えられる環境をつくることができます。

（3）無限の可能性を生むアウトプットの技術

◆クリエイティブ・ワーカーになる

クリエイターは、自分の頭の中身をアウトプットして価値のあるものを創り出します。それは、**インプットするからアウトプットできるのではなく、アウトプットするから次々に新しいアイデアがひらめく**のです。

文章を書くことも、一般的にはアウトプットという行為に思われがちですが、内面へ向かうインプットの影響も及ぼします。人がものを書くとき、外へ向かってエネルギーを放出しつつ、自己の内面にもエネルギーを放出しています。

自分はどういう人間で、どういう価値観を持っているのか。ものごとをどう感じ、それにどういう意味を見出すのか。

そうした感情や思考が波紋のように波打ちながら、自分に跳ね返ってきます。しかし、それは単なる主観ですから、そのままだと価値が弱い。そこで前述のように、自分の中に客観的な視点を育てながら、思考を磨いていきます。

つまり、書いてアウトプットすることは、内部成長を促す効果があるということです。ちょっと大げさにいえば、**書くことは魂を鍛えること**、ともいえます。

◆知識や情報は、ときに自分自身を縛る

インプットした知識や情報は、無意識のうちにどんどん蓄積されていきます。でもそれは**いったん吐き出さないといけません**。

なぜなら、自分の中に溜め込んだままだと、その知識や思考に縛られるからです。つまり、自分の価値観に合わない情報をシャットアウトしてしまいがちなのです。

たとえば僕は不動産で財をなした人間ですので、不動産投資で得られる家賃収入はとても素晴らしいと感じています。ただ、ほかの投資対象と比べれば高額ですから、資金が豊富な人以外は、通常は銀行からお金を借りて買うことになります。

そうすると、「普通の人にはちょっと難しいですね～」という反応が返ってくることがよくあります。

これは、「借金は危険なものである」という刷り込みから生じる感情です。

僕たちは、学校で得た情報、メディアから得た情報、人から得た情報によって、自分を勝手に「借金は危険」「借金はいけない」と、反射的に感じるように仕立て上げてしまっているのです。

人は、情報によって自分の世界観をつくり、そこに入る情報のみを受け入れます。自分の世界観に入らない情報には、使えないと反発したり、信用しなかったり、必要がない理由を探そうとしたりします。

◆アウトプットして客観化することで自分の器を広げる

そうやって情報はアカのように溜まり、それが固定観念や先入観となって、自分を閉じ込める枠になってしまいます。

そこで、自分に蓄積されたものをいったん全部吐き出し、アカを捨てていくのです。すると、新しい知識や知恵も無理なく入ってくる。異なる価値観も受け入れ、吸収できるようになります。

ですから、経験したらアウトプットする。読んだらアウトプットする。見聞きしたらアウトプットする。書いてすべてを過去のものにしていく。

そうやって脱皮作業を繰り返していくと、どんどん自分が洗練されてくる。思考が磨かれてくる。それが結局は自分の世界を広げることにつながるのです。

5 健全な稼ぎは健全な体に宿る

(1) 生産性を高める健康法

◆時間を失わないための健康術

カゼをひいたり、病気になったり、ケガをしたりすれば、生産性に大きな影響を与えてしまいます。僕もかつて、1年に1~2回はカゼをひいていて、長引くと、1か月くらいボーっとして集中できない状態が続いていました。

また、むし歯の治療に1年もかかったり、運動不足のために寝違えたりと、随分と時間をロスしてきたという反省があります。

そこで、**健康管理も生産性維持に重要な視点**として、意識して取り組むようになりました。もちろん、基本は食事と運動ですが、ここではそれ以外の視点を紹介します。

・自分が体調を崩すパターンを知る

どういう状況のときに自分が体調を崩しやすいかを知る、ということがわかっていれば、その状況を避けることができます。

僕の場合は、身体が冷えるとカゼをひく傾向がありますから、遠赤外線の肌着を二重に着るなど、冬の外出はかなり厚着をします（しかし、これは寒さへの抵抗力が低下するおそれがあるそうです……）。

・体調を回復させる儀式を持っておく

体調を崩したとき、どういう方法をとれば治るか、という方法論を持っておくとよいでしょう。プラシーボ効果（ビタミン剤でも「カゼ薬だ」と言われて飲めば本当に効くという刷り込み効果）ではないですが、方法論に信頼が持てると、気分的にも安心で、早期に回復します。

僕の場合は、カゼをひくと、ニンニクの丸揚げを食べて、カゼ薬と栄養ドリンク、ビタミンC、スポーツドリンクを一緒に飲み、パジャマを三重に着て、加湿器をガンガンにかけて寝ると、ほぼ回復します。僕はこのパターンで治ることを信頼しているので、カゼをひいても不安感がないのです。

いろいろ試行錯誤して、自分なりの体調回復パターンをつかむようにしましょう。

・定期的にプロの診断を受ける

何もかも自分で健康管理をする、というのは続かないので、歯の定期健診や人間ドックを年間スケジュールに組み込み、仕事の一部にしてしまうとよいでしょう。

医者の友人を持つと、世の中にあふれる健康法のウソ、効果のある健康食品やビタミン剤なども教えてくれるので、重宝します。

・エステのお試しコースに行ってみる

エステに行くと、思わぬ発見があります。自分の肌や頭皮の状態や問題点がわかり、日常のケア方法を教えてくれるからです。

「健康そうに見える」「若々しく見える」という見た目も重要ですから、「オレはそんなもの興味ない」という男性でも、一度エステのお試しコースに行ってみてはいかがでしょうか。

・アンチエイジングな健康法

僕の会社では、ルーマニアのアンチエイジング化粧品を通信販売しているということもあり、アンチエイジングについてはかなり勉強しました。

この化粧品はそれだけで肌がツルツル、プルプルになるスグレモノですが、内面のケアも同時にすることで、より効果があります。

特に男性の場合、加齢とともに男性ホルモンが減少します。これは筋肉量が減り基礎代謝を低下させたり、男性機能の衰えや加齢臭を引き起こしたりします。

そこで、ニンニク、ニラ、ウコン、オクラや長芋など、男性ホルモンの分泌を促す食品を積極的に食べるようにします（僕がお気に入りの海鮮居酒屋「快海」の、にんにく丸揚げは鬼ウマイです）。

6 知的生産を高める食事術

(1) 無駄な時間を食事にかけない

◆朝食の技術

朝がゴールデンタイムならなおさら、脳の栄養源であるブドウ糖を補給しておかなければなりません。

それでなくても多忙な朝は、ついつい朝食を抜いてしまいがちです。そこで、**いかに短時間で準備でき、短時間で食べられるか**を考えます。

僕の場合は食べないよりはマシ、という感覚で、前日の夜にコンビニでサンドイッチを買っておきます。ゼリー食品の日もあります。これは技術というよりも、朝の時間を濃密に過ごすためです。

朝に栄養補給をしておけば、空腹時間を先送りすることができるので、ランチも13時台にずらすことができます。ということは、集中できる午前中の時間を長く確保することができるわけです。

◆昼食の技術

僕の会社は、お昼休みは特に設けず、各自が自由にとれるようにしています。

社内には、弁当持参派、外食派、弁当を買ってくる派の3パターンの社員がいます。ある女性社員は、前の日の夜に弁当をつくり、オフィスで食べています。男性社員は外食です。若い社員は、移動弁当販売車で買ってきて、オフィスで食べています。

共通しているのは全員、**時間への意識が高い**という点です。

弁当持参派はいつ食べてもいいのですが、外食派は13時過ぎに行くのでお店は空いています。移動弁当も13時を過ぎるとちょっと安くなりますし、行列に並ばなくて済みます。あるいは、朝の出勤時に、会社近くのコンビニで弁当を買っておき、オフィスで食べる人もいます。

昼休憩の時間が決まっている会社は仕方ありませんが、12時台にランチに行くのは、時間に対する意識が低い人のすることであり、インテリジェンスの高い人がする行為ではないでしょう。

また、昼食で大事なのは、おなか一杯食べるのではなく、**腹八分目で済ましておく**ということです。なぜなら、満腹になるまでガッツリ食べてしまうと、その後睡魔が襲い、生産性が下がるからです。定食なども、量が多ければ、ごはんを少し残す程度がよいでしょう。

◆夕食の技術

残業時、空腹のまま仕事をしても、ダラダラ残業になってしまいますから、サッとコンビニに行って軽く済ませます。

ここでも大事なのは、**「軽く」**です。軽くしておけば、食後の休憩時間ゼロで、すぐに仕事にとりかかれるからです。

僕がサラリーマン時代は、夕方6時頃夕食をとっていました。そこから深夜2時頃まで仕事をして、帰りのタクシーの中での晩酌で1日を終える、という生活をしていました（一時期問題になった「居酒屋タクシー」ですね）。

第 4 章

どこでも オフィス化計画

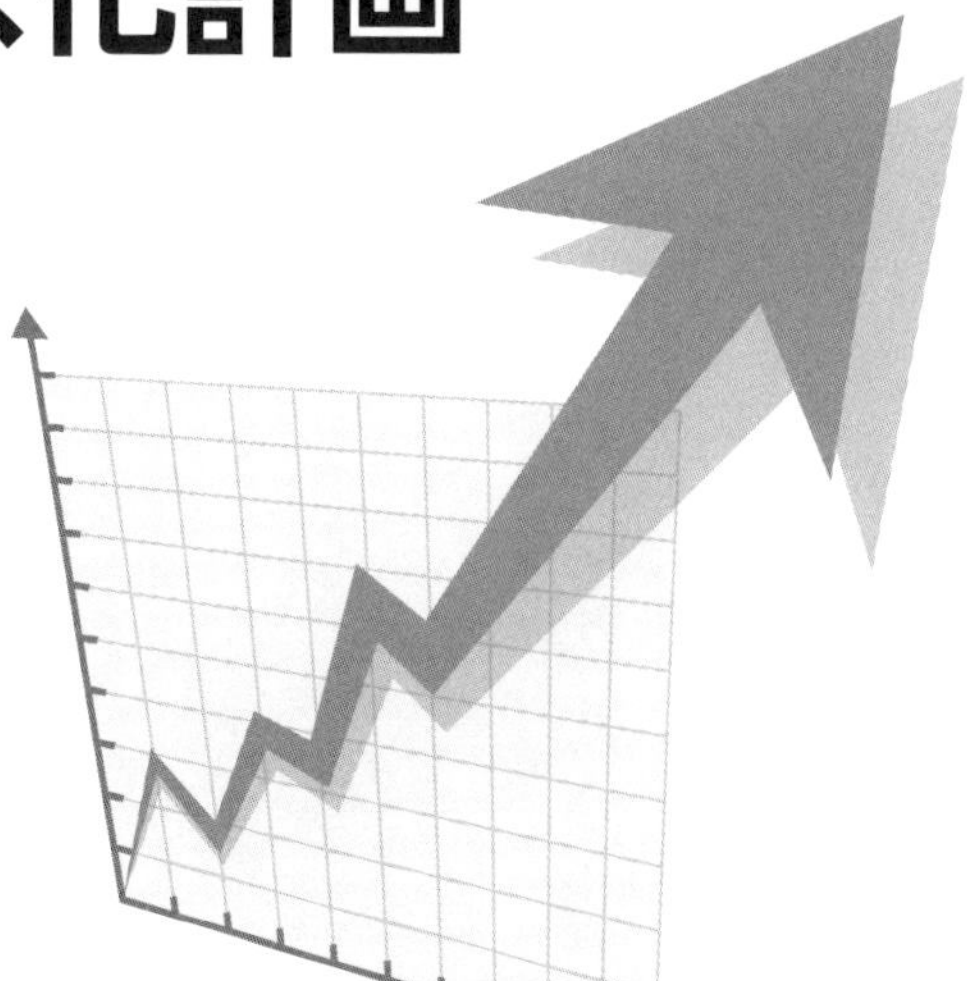

1 生産性を高める物・場所の使い方

（1）生産性を高めるツールをそろえる

◆どこでもオフィス化計画とは何か

情報量は日ごとに増え、仕事は高度化し、かつてより忙しくなっています。また、不況とデフレによって、人々の財布の紐は固くなっています。

ですから、僕たちが稼ぎ続けていくには、今まで以上に知恵を絞った働き方をすることが求められているのです。

そこで、いつでもどこでもオフィスになる環境をつくり、情報収集、発想、書く、プレゼンする、をシームレスに実現できることが理想的です。

◆手裏剣カバン術

どこでもオフィス化計画には、**カバンの工夫が有効です**。カバンひとつあれば、いつでもどこでも仕事ができるようになります。

たまに手ぶらで通勤する人もいますが、それだと、ちょっとした空き時間に何もできなくなります。ですから、僕はカバンにはこだわっています。

僕のカバンは、とにかくポケットがたくさんあり、丈夫で滑りにくい肩掛けベルトもついているので、荷物が増えても安心です。

そして手裏剣をとり出すように、カバンからすぐにモノがとり出せることを重視しています。携帯電話も、財布も、名刺も、ポケットティッシュも、手帳も、それぞれ決まった専用ポケットに入れているので、見なくても両手がふさがっていても必要だと思いついてから3秒以内にとり出せ、一瞬でしまえます。
また、本はカバンのサイドポケットに入れているので、一瞬でとり出せ、一瞬でしまえます。電車が止まって扉が開くその瞬間まで読書ができます。
財布がすぐにとり出せる、定期がすぐにとり出せる、通帳や印鑑がすぐにとり出せる。自宅のカギがすぐにとり出せる。これはストレスがたまらず、便利です。

以前、駅で見かけたおばあさんがすごいバッグを持っていました。小さなキャリーバッグなのですが、背面に簡単な折りたたみ椅子がついていて、駅で電車を待つ間、キャリーバッグに座っているのです。電車が来たら、イスは折りたたんで、そのままコロコロを引けばいい。あれはいいなあと思いました。

カバンは日々持ち歩くものですから、生産性を左右するツールです。市販でよいのがなければオーダーメイドでつくってもいい。そこまでする価値のあるものだと思います。

◆外部に書斎を構えて知的生産性を高める

僕は家にいると怠けてしまう性分のため、基本的には外に出るようにしています。ですから、自宅には特に書斎はありません。

しかし僕は、都内数箇所に、自分の書斎を持っています。といっても、部屋を借りているわけではなく、カフェやファミレス、ホテルのラウンジを書斎代わりに使っているのです。自宅の近くと会社の近く、都内の主要駅近くに、いくつかお気に入りスポットを決めています。営業時間もほぼ押さえているので、早朝深夜でも利用しています。

今や、ノートパソコンと無線LAN端末さえあれば、どこでもオフィスになります。会社員なら、誰もいない会議室、早朝の誰もいないオフィス。学生なら空き教室。気持ちのいい晴れた日は、公園のベンチでもOKでしょう。

（2）勉強に最適な空間をつくる

◆朝カフェ勉強法

夜は会食があったり、はたまた仕事で疲れたりして、なかなか集中して生産性の高い時間を確保するのは難しいものです。

そこで、早朝です。始業時間前、職場の近くのカフェを自習室にして、企画書をつくる、本を読む、文章を書く、勉強するなどしてみましょう。

朝は7時くらいから開いていますので、開店と同時に行くようにすれば、たっぷり2時間近くは自分の時間が確保でき、なおかつその時間帯なら、電車も空いています。

もうひとつ、朝カフェは、とても刺激を受けます。一度行ってみるとわかりますが、平日の朝は勉強熱心なビジネスマン、ＯＬでいっぱいです。

仕事はもちろん、マンツーマン英会話、資格の勉強、メール処理など、多くの人がさまざまな勉強をしています。僕もご多分に漏れず、本の原稿を書いています。

そしてだいたいいつも決まった顔ぶれなので、「あいつに負けるか」というライバル心と、「お、今日もがんばってるな」という仲間意識みたいなものを感じたりして、なかなかいいものです。

◆繰り返しの出来事をパッケージ化する

恋人がいる女性には、彼氏の部屋に泊まるための、「お泊まりセット」というものがあるそうです。化粧品や下着などがワンセットになっていて、急なお泊まりにも対応できるのだそうです。

ほかにも防災リュックのように、必要なものがパッケージ化されていれば、荷造りの時間を短縮したり、モレを防いだりするためにも有効です。

そこで、**日常で繰り返し発生する出来事を、ワンパックにしておきましょう。**

・出張パック

多くの人に当てはまるのはこれかもしれません。僕は海外出張用のスーツケースと、国内出張用のキャリーケースの2つを持っていて、出張に必要な小物類がすべて入っています。なので、出張時には、着替えを入れるだけで、すぐに出かけることができます。

海外出張用のスーツケースの中には、マルチ電源対応のACアダプター、薬、パスポートまであらかじめ入れているので、忘れ物がありませんし、荷造りの時間もかかりません。

・引越しパック

かつて自宅とは別に書斎部屋を借りていたときは、頻繁に引越しをしていました。普通は、引越しにはかなりの時間と労力がかかるものですが、1時間で終わる工夫をしていました。

秘訣は、ダンボール製の棚を使っていたことです。フタのついた段ボール棚を整理棚として利用することで、引越しのときはフタを閉めるだけで梱包作業が終了します。公共料金の連絡先も一覧にしているので、電話を数本かければ終わり。

これで1年に1回くらいの頻度で引越しをし、気分転換、発想の転換を図っていました。

・スポーツパック

シューズ、トレーニングウェア、テニスラケット、ボクシンググローブをバックパックの中に入れていて、いつでもパックひとつでスポーツイベントに行けるようにしています。

・セミナーパック

かつてセミナーの受付を外部のスタッフにお願いしていたときは、プラスチックケースの中に、セミナーで必要な、領収書、ボールペン、セロテープ、ゴム印などをワンセットにして入れておきました。

そのケースひとつあれば、セミナーは事足りるので、スタッフが変わっても、スムーズに運営できます。

・通勤時間を活かす技術

多くの人が指摘するとおり、**電車の中は絶好の学習タイム**です。適度な雑踏と、人の目があるという緊張感、そしてほかに誘惑するものが何もないという環境のため、集中できるのです。

しかし、ただ乗るだけでは人の渦に巻き込まれますから、**乗り方を工夫することが必要**

です。僕も電車に乗るときに決めているルールがあります。

・時間帯

朝9時頃に都心に到着する電車は猛烈に混んでいて、何もできません。ですから、その時間帯の前後の電車に乗るようにしています。

知人の経営者は、「ぎゅうぎゅう詰めの電車に乗っている人は、時間に対する感性が鈍い」と言っていました。

・場所

始発駅付近に住むと、1本電車を待てば座っていけます。あるいは割り切って勤務先の近くに住むことも、時間を有効に使うことができます。

・車両位置

入口付近は客の流動が激しいので、奥のほうへ入る。車両の両端ならなおよい。

・乗り換え

乗り換えは時間を浪費するので、なるべく乗り換え回数が少ないルートを選ぶ。あるいは乗り換えのない場所に住む。

・道具

新聞、雑誌、書籍、オーディオツールはもとより、スマートフォンなどでメールチェック&返信を済ませてしまうのもアリです。

・オーディオ教材

自動車で通勤する人や車で移動する営業職の人は、車中でオーディオ教材を聴く、という方法がとれます。僕も営業をやっていたとき、車の中で英会話のテープを聴いていましたし、マイカーでもロバート・キヨサキのオーディオ教材を聴いていました。

2 知的生産を高める仕事術

(1) 社内で上手に立ち回る法

◆会議の技術

おそらく多くの読者の方が感じていると思いますが、会議の大半は実に退屈なものです。けれども、この時間を何もすることなく過ごすのは実にもったいない。そこで、退屈な会議の時間を有効に活かす技術を紹介します。

まずひとつは、前述のように**内職をする。**経費精算や翌週の企画書の構成を練るなど、会議室でも手軽にできる作業を行ないます。

もうひとつは大前研一氏のアイデアで、**「会議が退屈だというなら、会議で出されるすべての議案にNOと言う覚悟で会議に臨め」**というものです。

その理由は、反対を前提とすることで考えなければならず、退屈になっている場合ではないからです。予定調和は思考停止してしまいますから。

自分が「NO」と言うと、相手はきっとこうやって反論してくるだろう。ならば自分はこう返そう。そうやって頭の中でディベートトレーニングをすることで、思考力を養うことができます。

◆無駄な会議資料をやめてみる

また、会議といえば、資料の作成が必要になることも多いもの。けれども、資料の中には、「本当に必要なのか」と誰もが感じながらも、とりあえず作成しているものも少なくありません。

そこで、まずは自分がつくっている資料が誰にどう使われているかを調べてみましょう。するど、作業時間の割には役に立っていないケースがしばしばあります。また、単なる参考資料の場合、なくても特に困らない、というものもあります。

そこで僕がかつてやっていたのは、資料を出すのを、人知れずそっとやめてみる、ということです。

もしそれを指摘されたなら、やはりその資料は必要ということですから、それからつくればよい。何も言われなかったなら、その資料は不要だということですから、そのままフェードアウトです。

そのほか、頻度を減らす、紙ではなくデータで渡す、統合してみる、ほかで代用する、など見直してみましょう。

◆報告の技術〜ツイッター報告術

ツイッターという有名なミニログがあります。これは、ブログのようにまとめて書くほどではないけれど、今自分が何をしているかという状況や行動を140字以内という短い文章の中で共有するツールで、現在、広く普及しています。

このツイッターのような短くつぶやく技術は、仕事にも応用することができます。

つまり、**短くてもいいから、頻繁に報告する**、ということです。

たとえば、上司と廊下ですれ違うとき、エレベーターの中で会ったとき、昼食を一緒にとったときなどに、「例の件、順調です」とか「今7割の出来です。明日午後イチで一度相談します」というように、簡単でよいので報告するということです。

そうすると、上司もドライブ感というか、仕事をハンドリングできている感触を持てて安心するのです。

◆苦手な上司ほどツイってみる

あなたが上司の立場ならわかると思いますが、何事も報告が遅い人というのは、本当に大丈夫なんだろうかと不安になります。それに、自分が軽く見られているという気持ちにもなります。

自分と合わない上司、苦手な上司とは、どうしても距離を置きがちになります。つまり、ホウレンソウ（報告・連絡・相談）から離れがちです。

だからこそ余計に心も離れ、何かあるたびに感情同士がぶつかってしまうのです。

逆に、小まめに報告してくれる部下というのは、状況が把握できるので非常に安心感がありますし、自分に敬意を持ってくれているという気持ちになります。

コマメな報告や連絡は上司から信頼されるのです。

つまり、合わない上司にこそ、よりホウレンソウを密にすべきなのです。**苦手な上司には、ツイッター的にホウレンソウをしてみましょう。**

(2) 移動時間を有効に使う方法

◆外出の技術

僕は外出するとき、**現地集合**、**現地解散**を基本にしています。すると、訪問先までの時間、帰社の時間を自分のために使えるからです。

上司や部下と一緒だと、本を読んだりできず、時間つぶしの会話をせざるを得ないのももったいないですから。

また、僕は翌週に訪問する先の地図をすべてプリントアウトして、カバンの中に入れておきます。こうすると、外出間際のバタバタをなくすことができます。

さらに、訪問先には30分前には着いて、近くのカフェに入るようにします。こうすれば、時間ギリギリで焦って移動時間も気が気でない、という事態を避けることができますし、こま切れ時間そのものが発生しませんから、時間を有効活用できます。

◆出張の技術

出張は、**自分の時間を確保できる貴重な時間**ですから、有効活用できるように組み立てたいものです。

たとえば交通手段。僕は国内出張は、本州なら新幹線に乗ります。なぜなら、飛行機のように税関や手荷物チェックがないので、待ち時間ゼロだからです。

発車30分前には東京駅の新幹線ホーム付近のカフェに入り、ギリギリまで原稿を書きます。

新幹線「N700系のぞみ」は車両の前後に、グリーン車には全席電源がありますから、充電しながらパソコンが使えます。これで新大阪まで2時間半、たっぷり使えます。

ホテルもなるべく新幹線の駅から徒歩5分以内のところを予約します。

海外出張の場合は、空港に1時間半前に行きますが、すぐに荷物チェックを済まし、搭乗ゲート近くのカフェに入ります。時間が近づくと、税関などが混雑して待ち時間が発生するからです。

ただし、スーツケースはギリギリに預けたほうが、到着先では早く手荷物ラインに出てくるので微妙ですが。

搭乗から水平飛行に入るまでは読書の時間にあて、安全ランプが消えたらパソコンでの作業に切り替えます。電車の中と同様に、ほかにすることがないですから、驚くほど集中できます。

レジャーシーズンの混雑する時期は、なるべくビジネスクラスに乗って、税関での待ち時間を減らすようにしています。なぜなら、エコノミークラスの乗客よりも先に降ろしてもらえるので、素早く税関に並ぶことができるからです。

出張は一般的なビジネスマンにとっては、気分的にも非日常空間になりますから、普段なら出ない発想も出やすくなります。そのため、出張をいかに知的生産な活動に結びつけるかを工夫するようにしましょう。

（3）会社を有効活用する方法

◆会社は利用しがいのある資源の宝庫

サラリーマンというのは、ちょっとしたミスであれば、始末書とゴメンナサイで、だいたいのことは済んでしまいます。

だから、会社のお金でたくさん失敗して、数多くの引き出しをつくることができます。

つまり、**「給料をもらいながら勉強できる」**という素晴らしい環境なのです。


あるいは、**専門的な知識も得ることができます**。僕のように独立起業してしまったら、人事とか経理とか、専門的な話を聞こうと思うと、お金を払わないと聞くことができません。

しかし、会社には専門の部署があるので、その部署の人にタダで聞くことができます。

また、会社のカンバンがあるため、個人ではとても会えない人に会う、ということも可能になります。

会社には集客のためだと装いつつ、基調講演に自分が会いたい人を講師として呼び、話を聞くことだってできるのです。


そう考えると、会社はまさに宝の山です。

「会社に使われる」という発想から、**「会社を利用しよう」という発想に切り替えるだけで、会社の中から豊富な資源が出現します。**

◆商売で大切なことは、すべてコンビニで学んだ

僕がコンビニ勤務の時代も、そうでした。

コンビニエンスストアの仕事というのは、翌日にはＰＯＳデータで結果が見えるので、やったことがすぐ結果として反映されます。

だから、「こうやってみよう」と仮説を立てたら、すぐに実行してみます。そして、翌日のデータを見て、「これはうまくいった、これは間違っていた。その理由はこうだろう」という検証をするのです。

その仮説検証サイクルを何百本回せるか、ということを意識して取り組むと、とてつもない経験値が得られます。

ここから、今の僕がつくられました。仮説・検証の繰り返しが、自分の引き出しを増やしてくれたのです。「商売で大切なことは、すべて、コンビニエンスストアで教わった」のです。

「言われた仕事をやる」だけの人は、不平不満だらけです。しかし、「会社を（よい意味で）

利用する」という視点に立てば、会社や上司の愚痴を言っているヒマなんてなく、毎日が学びになります。

第５章

情報をお金に換える作戦

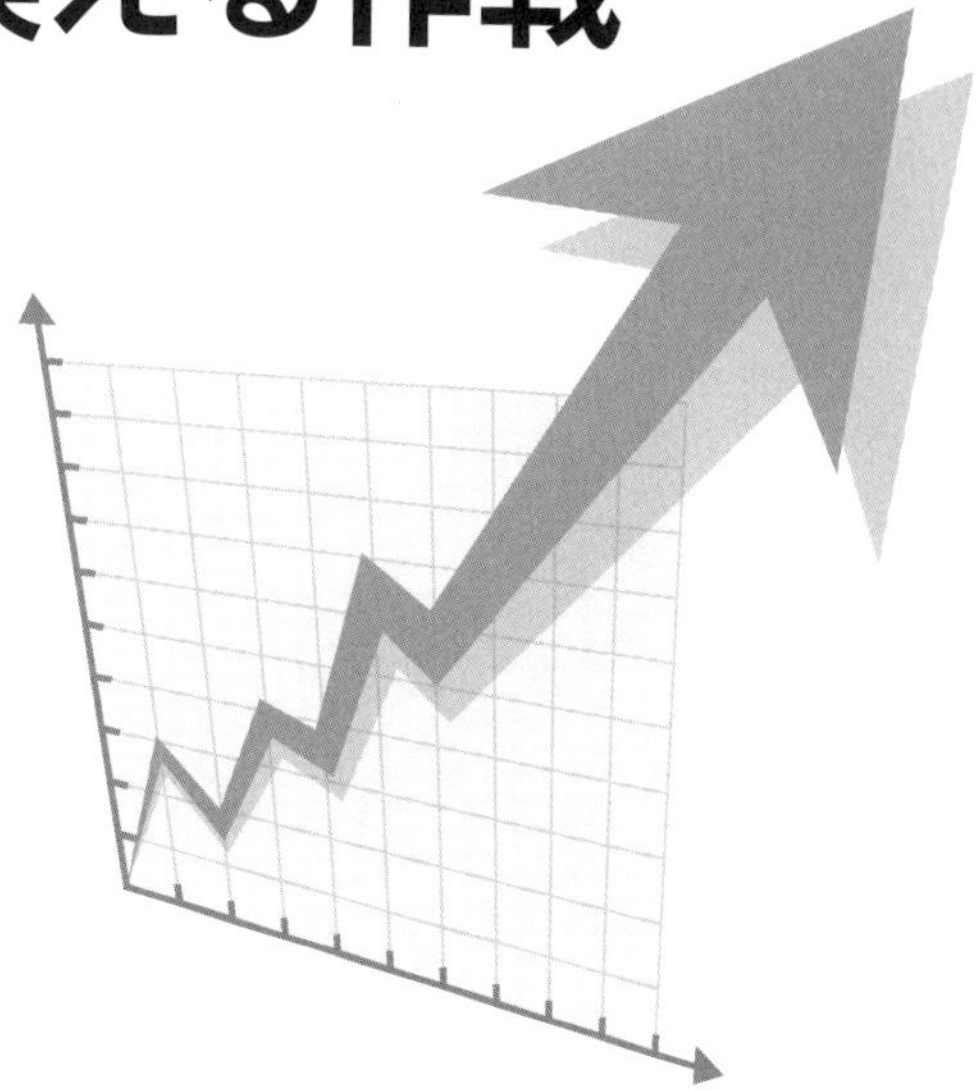

1　コンテンツを生み出す整理術

（1）本当に整理が必要かどうかを検討する

◆オフィスのデスクは整理しない

整理術と言っておいて恐縮ですが、僕はいかに整理しないで仕事をこなせるかを意識しています。

整理は手間がかかるし、面倒くさい。整理そのものは何の富も生み出さない。そうであれば、そもそも整理しないで高い生産性が出せる仕事のやり方をしたほうがいいのではないか、という発想なのです。

僕のオフィスの机の上には、仕掛かり中の仕事や目を通すべき資料を全部広げています。社員からは「社長の机は汚ない」といつも怒られています。

散らかっているのに慣れているため、生産性には影響しないという面もありますが、机の上の整理をしない一番の理由は、**情報と情報がケミストリーを起こす**（化学反応）ことがあるからです。

机の上は牧場と捉え、そこに情報を放牧させておきます。すると、情報同士が結びつく、異種交配が起こるのです。そのため、大きなデスクを選んでいます（ただ、僕は経営者ですから、会社の備品は自分で選ぶことができるという特殊性はあるでしょう）。

◆ケミストリー発想術

以前コンサルティングをした、群馬県のある老舗ホテルでのことです。そのホテルは開業100周年を迎えたため、それを記念して何かできないかを考えていました。

たまたまそのホテルがベーゼンドルファーという、ドイツ製の有名な高級ピアノを所有していたので、これを使って何かできないだろうか、という依頼が僕のもとに来たのです。普通であれば、ピアニストを呼んで演奏会を開く、という発想をするでしょう。でもそれではおもしろくない。検討をしていたとき、机の上に散乱した雑誌をバサバサめくっていたら、音楽療法の記事と、水だけで育てるハーブの記事が目にとまりました。

そこで思いついたのは、

「ピアノの部屋でハーブを育て、ピアノの音を聞きながら育った『100年ピアノハーブ』としてストーリー化し、食事やポプリにして提供できないか。プレスリリースをメディアに送れば、取り上げてくれるところもあるかもしれない」

ということで、提案アイデアのひとつとして、プレゼン資料に織り込みました。

こういう発想につながったのは、机の上に散らかした雑誌のおかげです。

◆記事はスクラップしない

僕は、**新聞や週刊誌の記事のスクラップは一切やりません**。そもそも面倒くさいし、使うかどうかわからないものに時間をかけたくないからです。

それに、過去の新聞記事は検索すればデジタルデータで出てきます。

なぜそんなことができるかというと、大和證券に証券取引口座を持っていて、「日経テレコン21」という過去記事検索サービスを無料で使うことができるからです。

通常、「日経テレコン21」は有料サービスで値段も少々お高いので、個人が利用するのはしんどいですが、特定の証券会社の口座を開設すれば、無料なのです。

新聞は日経、朝日、読売、毎日、産経、日経産業、日経MJ、雑誌は日経ビジネスに週刊東洋経済、週刊ダイヤモンドなどなど、主要な新聞・雑誌の過去の記事も読むことができます。

これならば、必要なときに検索をかければいいので、わざわざ切りとって保管する、という手間が省けます。

◆情報は整理しない

時代の流れはますます速くなっており、情報量も膨大になっています。そして、情報は発信された瞬間に陳腐化し、古くなっていきます。

したがって、現状では仕事のニーズが発生したときに、その都度収集し、使い終わったら捨てる、という消耗品としての利用の仕方が現実的なように感じます。

記事をスクラップし、ファイリングし、インデックスをつける。ノートに書いたことをパソコンで管理……。

情報をつねに使える状態にしておくということは、かくも膨大なエネルギーを要します。しかし世の中の流れは速いですから、情報として集めたと思っても、あっという間に古くなり、情報としての価値がなくなってしまうリスクがあるのです。

また、新聞や雑誌の記事は、ファイリングしたとたんに満足してしまい、見なくなります。つまり、**情報は整理したとたんに死んでしまう**のです。

確かに情報はたくさんあるほうが考えるネタには困らない。しかし情報は、活用し、成果に結びつけてこそ価値があるはず。

ジャーナリストや物書きならともかく、僕たちのような一般のビジネスパーソンにとっては、情報の収集・整理に時間をとられて、肝心の考える、実践する、という時間が少なくなっては元も子もありません。

整理し保管するのであれば、時代を超えて普遍的に通用するテーマに絞るほうが、無駄がありません。そう考えたとき、**自分が整理保管しているものは、時代性を超えられるテーマかどうかを再確認してみたほうがよいでしょう。**

2 思考の枠組みを拡大する

（1）上級者レベルになるまでとことんやる

◆得意分野で思考の土俵をつくる

コンサルティングファームの採用面接では、「日本に信号機はいくつあるか」といったフェルミ推定と呼ばれる思考ロジックを問う問題が出されます（詳細は拙著『問題解決力をつける本』三笠書房を参照）。

面接を受けた当時の僕は、コンビニエンスストアのマーケティング部門で働いていましたから、頭の中はコンビニのことでいっぱいでした。しかし、これが功を奏したのです。

◆コンビニに学ぶ問題解決の方法

面接では、「東急東横線沿線のキセルによる損害額を1日で算定するにはどうすればいいか」という質問が出されました。このときは、コンビニのPOSデータの分析から発想しました。

ピークタイムと閑散時間帯での人数を調査して、立地別の平均客単価をかければ、だいたいの日販を算定できます。

そしてABC分析、いわゆるパレートの法則を用い、2割の売れ筋商品が全体の8割を占めるという前提で、主要駅を調査して全体を類推して算定する、というロジックを提示して、その問題を切り抜けました。

また、「日本経済を立て直すために就ける職があれば、何を選ぶか」という問いに対しては、商品の分類をイメージしました。

たとえばコンビニでは（広く流通業一般で使いますが）、大分類、中分類、小分類、単品という具合に、大局から小局へと動きを見ます。菓子→スナック菓子→カップ菓子→「じゃがりこ」なんていうふうに。

この中でコンビニで最も注目するのは中分類の動きです。大分類では動きが少ないし、単品では個々の商品力に依存するのでブレが大きすぎる。中分類こそトレンドが把握できるのです。

そこでこの考えを「国」に当てはめてみると、大分類が中央政府、中分類が県、小分類が市町村です。そこで僕は「県知事」と答えました。

当然理由を聞かれますから、機動力や予算権限、トップの指示の反映されやすさを考えると、県レベルから立て直すのが速い、というロジックで説明して切り抜けました。

こんなふうに、**はじめてぶつかる問題も、自分の得意分野に持ち込んで考えることで、発想しやすくなります**。そういう思考のホームグラウンドというか、自分の土俵をつくっておけば、そこに当てはめて考えられます。

第5章 情報をお金に換える作戦

◆思考の土俵とは「スキーマ」

「知識」で解決できる問題は、現代では多くありません。

前述のような例は心理学用語の「スキーマ」というもので、「思考の枠組み」です。このスキーマがあると、テーマや分野が変わっても対応できるようになります。

スキーマがなければ、いくら知識がたくさんあっても、それは単に物知りでしかなく、応用が利きません。

はじめての分野でもすぐに上達する人や、商品や顧客が変わっても成果を出せる人というのは、このスキーマがきっちりできていて、脳からとり出しやすい状態の人です。

では、このスキーマをつくるにはどうすればよいか?

趣味なり仕事なりを上級者レベルになるまで徹底的にやることです。そして、仕事のプロセスをきっちり理解する。成功失敗の理由を念入りに振り返る。

そういう自分なりに紡ぎ出したものごとの要諦が脳の中で整理され、スキーマになります。すると、得た情報が、それぞれのスキーマに分類され、応用力を持つようになるのです。

（2）知識を得るだけで終わるのではなく、それをもとに考える

◆自分がなぜクリックしたのかを意識する

以前、マイクロソフトのポータルサイト「MSN」に、「彼女が水着に着替えない」という記事があり、僕は思わずクリックしてしまいました。

これは何のニュースだと思いますか？

記事の一部を引用します。

《エジプト第2の都市アレクサンドリア。何マイルも続く海岸線には水着姿の女性などどこにも見あたらない。

風わたるアレクサンドリアの海辺で女性はみな長袖シャツとくるぶしまで届く黒いカフタンで身を覆い、頭にスカーフをかぶっている。荒い波間に浮かぶ不格好なその姿は、まるで砂底から浮き上がってきた海藻の塊のようだ。

イスラム法の下、女性が身体を隠すことを義務づけられているサウジアラビアやイラ

ンであれば、よくある光景だ。

だが奔放さとおおらかさで知られるアレクサンドリアで海水浴客の女性が全身に布をまとっているのは、宗派間争いと相まって、一部の住民の貴重で多様なアイデンティティーが失われたことを表している。》（2009年8月26日MSN産経ニュース）

ということで、宗教紛争問題や、国際都市からローカル都市への逆行懸念などを表明する記事なのです。つまり、政治、歴史、文化を論じた、普通の人ならとても読みたがらない記事。

にもかかわらず、クリックさせ、読ませてしまうという、このコピーは秀逸だと感心しました。まさによいコピーは人を動かすということです。

自分が何気なくクリックした表現こそ、自分のどういう感情を刺激したのかを意識し、メモしておきたいものです。

◆調べることは考えることではない

調べることは単に知ることです。それだけでは物知りで終わってしまいますから、**知ったことをベースに、自分はどうするかに落とし込もうとする**。それが考えるということです。

たとえば、「消費が落ち込んでいる」「M&Aが増えている」という情報を知っただけでは意味がありません。

そこから、「消費が落ち込んでいるのなら、飲食店も厳しく、閉店するところが多いだろう。居抜きで売り出している店もあるのではないか。ならば、そこを買いとって自分の店を持つことができるのではないだろうか」と考えることができます。

そして、「M&Aが増えているならば、それを仲介する人も増えているはずだから、店舗物件の仲介サービスも一般的になっているのではないか」と調べてみると、店舗のM&Aサービスや店舗のオークションサイトもあり、都内の料亭が50万円、京都のダイニングバーが200万円で売りに出されていたりします。もちろん造作や食器、器具備品付きですから、買った人は初期コストを抑えて開店ができます。

オーナーの健康問題による撤退、後継者不足からの営業断念など、いろいろな理由があって売りに出されていますから、必ずしも立地が悪い物件ばかりではありません。

それに造作に凝った店は初期投資がかさんでいますから、回収を考えると前オーナーにとっては不採算だったとしても、買収してサンクコスト（埋没費用）化できれば採算店舗になる可能性も秘めています。

そして金融恐慌に伴い企業はリストラを加速、大量の優秀な人材が放出されますから、多くの起業家が現れます。では、そこに合わせて「自分の店を出すお手伝い」ができないか。

そうやって、儲けにつながる思考を発展させていく、その仮説を検証したり支えたりするために調べ、それを新たな仮説へと展開していくことが、考えるということです。

3 自分の力を使い回す技術

（1）別のものへの転用を考える

◆NASAから投資銀行に転職する？

スペースシャトルの事故によって、アメリカが宇宙開発予算を縮小したとき、軌道計算に携わっていた専門家が、数多く職を失いました。その後、職を失った人の中には金融機関に転職した人もいました。彼らはその能力を活かして、金融商品の値動きの分析や予測、リスク計算により、高度な証券化商品や売買プログラムをつくりました。

今やヘッジファンドの多くがプログラムのシグナルで売買しており、これがバブルやバブル崩壊を生む要因のひとつともなっています。サブプライムショックも彼らの活躍と無縁ではありません。

この是非はともかくとして、高度な専門性をほかに活かすことができれば、職の不安がなくなります。

たとえば営業という能力を突き詰めれば、どんな商品でも売ることができますし、営業代行請負業、営業コンサルタント、企業研修などの仕事に転用できます。

財務会計の能力を突き詰めれば、そもそも会計の不要な企業はありませんし、会計ソフトの開発や指導、専門学校などで教える、といった仕事に転用できるでしょう。

◆転職サイトでイメージトレーニング

自分が持っている能力は、どの業界のどの仕事で活かせるか。その幅を広げるトレーニングをしてみましょう。

方法は簡単です。まず、転職サイトを見て、**自分の興味がない求人を選びます**。そして、その仕事をしている姿をイメージします。コツは、**生々しいビジュアルでイメージすること**です。机に座って何をしているか、社内ではどういう会話をするか、取引先とはどういう話をするか。

次に、面接で「あなたは当社で何ができますか？　その根拠は？」と聞かれたと仮定して、頭の中で問答します。

このトレーニングをすることで、自分のスキルの抽象度を上げ、転用・応用ができるようになります。

（2）二次利用、三次利用を考える

◆漫画家の転用術から学ぶ

漫画家は、連載を書いて原稿料をもらい、コミックにして印税をもらい、テレビアニメや映画になって権利収入をもらい、海外に輸出してライセンス収入をもらいます。年月が経ったら、復刻版、デラックス版、コレクターズBOX、コンプリートセットにして印税をもらいます。

もちろん、ヒットすれば、という前提条件付きではありますが、1回の作業で二度、三度と収入が得られる仕掛けをすることは重要です。

僕も、セミナーや講演で話した内容を本に書いたり、逆に本で書いたことを講演で話したりします。すると、同じ内容で講演収入と印税が入ります。本は年月が経ったら、文庫化しようと思っています。また、韓国や台湾で翻訳されていますので、ここにも権利収入が発生します。

趣味のFXや商品先物取引も、それ自体が収入を生みますし、講演や取材のネタとなって再び収入をもたらしてくれます。

そうやって生活の中で取り組んでいること自体が、本書のネタとなっています。

自分の専門分野を情報商材にしてネットで販売している人もいますし、書評ブログからスタートしてセミナー開催につなげ、撮影してＤＶＤを販売している人もいます。

このように、自分の活動をどうやったら商品化でき、二次利用、三次利用できるかをイメージしてみましょう。

◆デジタルデータを使い回す

僕は、自分でつくった社内資料、企画書のチャート、講演のレジュメ、コラムの原稿、本のボツ原稿など、デジタルでつくった資料はすべて保存しています。これらをうまく使い回すことで、資料作成の手間が省けるからです。

社内資料はテンプレートとして使い回せますし、独立起業した友人には、プライバシーポリシーのひな型や経費精算シート、業務委託契約書など、そのまま提供することによって、随分喜ばれました。企画書も、同じテーマならそのままコピペできますし、講演も過去につくったチャートを組み合わせて時間を短縮できます。本のボツ原稿をコラムにしたり、過去に書いた文章を新刊の一項目に入れたりできます。

これは会社員でも同じですし、大企業に勤務していればなおさら、使えるテンプレート資産に囲まれているといえるでしょう（もちろん、機密情報の漏洩には注意が必要です）。

4 お金を稼ぐ読書術

（1）あえて自分の考えとは異なる本を読んでみる

◆確認読書から卒業する

本を読めば読むほどますます頭が悪くなる人もいます。本の内容に依存してしまい、自分の頭で考えなくなる人です。デカルトさえ『方法序説』（岩波書店）の中で、「読書とは、著者の思考をなぞっているだけだ」とまで言っています。

旅行を例に考えてみましょう。

たとえばパック旅行でイタリアに行くと、ガイドブックに載っているトレビの泉などを見て、「ああ、これがトレビの泉か」と確認し、記念写真を撮って帰ってくる、というのはよくある光景です。

しかしこれは、他人がなぞった「イタリア」を自分もなぞるだけ。行く前に想像していたイタリアと、実際に行ってみたイタリアは、まったく同じ、ただの「確認するための旅行」です。

読書も同じ。自分の考えと同じ主張を見つけて安心する。自分が思っていることを著者が代弁してくれて満足する。多くの人がこういう本を「よい本」と評価する傾向にあります。

確かにそんな本は小気味よく、安心して読め、読後感も心地いい。もちろん僕も、有名な起業家や経営者が言っていることが、普段の自分の考えと同じだったら、やはりうれしくなります。それに、日々の忙しさにまぎれて忘れている大事なことを、改めて気づかされるということも大切です。

しかしそれだけでは、自分の思考の枠組みを広げることができません。せいぜい現状維持がやっとです。自分の思考が動き出すのは、やはり異次元の主張、**自分の考えとは異なる主張、読者に挑んでくるような本と真正面からぶつかるときです。**確認読書からの卒業も、やはり大切なことだと思います。

ユダヤ人の格言にこんな言葉があります。

「人は、考えることから逃れるために本を読む」

深いです……。

◆多重読書術

読んだ本が「おもしろくない」と感じたら、本の中身を疑う前に、まずは**「もしかすると自分は単一の読み方しかできていないのではないか」**と振り返ってみましょう。

たとえば僕は、経営者、投資家、著者、講演家という、複数の立場を持っています。そうすると、たとえば1冊の「人脈術」の本を読んでも、いろいろなことに応用できます。

たとえば投資なら、「業者とのパイプを太くするために、本気度を示し誠実に対応する」。スクールなら、まずは「相手の声の悩みを聞き、声を出してもらって問題の原因を探る」。

本の執筆でも、仕事の本なら「人脈には新陳代謝が必要」、時間の本なら「友人にするならスピードと応援力のある人を選ぶ」、新入社員向けの本なら「貢献力がないうちは人脈づくりなど不要」と、いろんな切り口から言えるので、1冊が幅広く役立ちます。


自分の立場がひとつしかないと、ひとつの側面からしか理解することができませんが、複数の立場を持つことで、複数の視点から読みとり、活用することができます。

すると、**1冊1500円の本代が、1万倍以上のお金に化けるわけです。つまり、1冊の本を骨までしゃぶるには、複数の視点を持つこと**が有効です。

◆自分が持つ複数の立場を意識してみる

「自分はそんなにたくさんの立場を持っていないよ」と言う人がいるかもしれません。

いえいえ、実は誰でも複数の立場を持っているものです。

会社員という立場でも、上司から見れば部下、部下から見れば上司、取引先から見れば得意先の担当者。家に帰れば、彼氏、彼女、夫、妻、父親、母親かもしれない。親から見れば自分は子ども。祖父母から見れば孫でしょう。

あるいはブログやメルマガのオーナーかもしれない。投資家やアフィリエイターかもしれない。草野球やフットサルチームに所属していれば、そのチームメンバーの顔がある。

誰でも複数の立場があるわけですから、自分の異なる立場を意識しながら読めば、どの立場でなら本のここは使えるか、あそこは使えるか、ということが学べます。

◆ビジネス書ジプシーになってはいけない

ビジネス書から学ぶとは、必ずしも内容を覚えることではありません。

たとえば、「英語習得が大事だ」ということを本で読んだとします。ならば、その時点でいったん本を閉じ、余暇のすべてを英語学習に当てるのです。

通勤時間はもちろん、コマ切れ時間さえもオーディオテープを繰り返し聞き、原書を読む。家に帰ればぶつぶつ発音の練習をする。飲み会などの誘いもほとんど断り、カフェでディクテーションする。休日は洋画を観て、気に入った表現をメモする。

そうやって、日常生活の中で、英語習得を優先順位の最も高いところに置く。仕事以外の時間はすべて英語学習を中心に生活を組み替える。英語習得に必要でないスキルの獲得はあと回しにすると割り切り、いっさい手を出さない。

平穏な生活を異常な生活に切り替え、それを日常にしていくことによって、英語を上達させることができる。これが本当の意味で、本で読んだことを吸収する、ということです。

あれこれ他人の本を論評してビジネス書を渡り歩く人は、本の内容を愚直に実践する人には永遠に勝てないのです。

第6章

知的生活を生む発想法

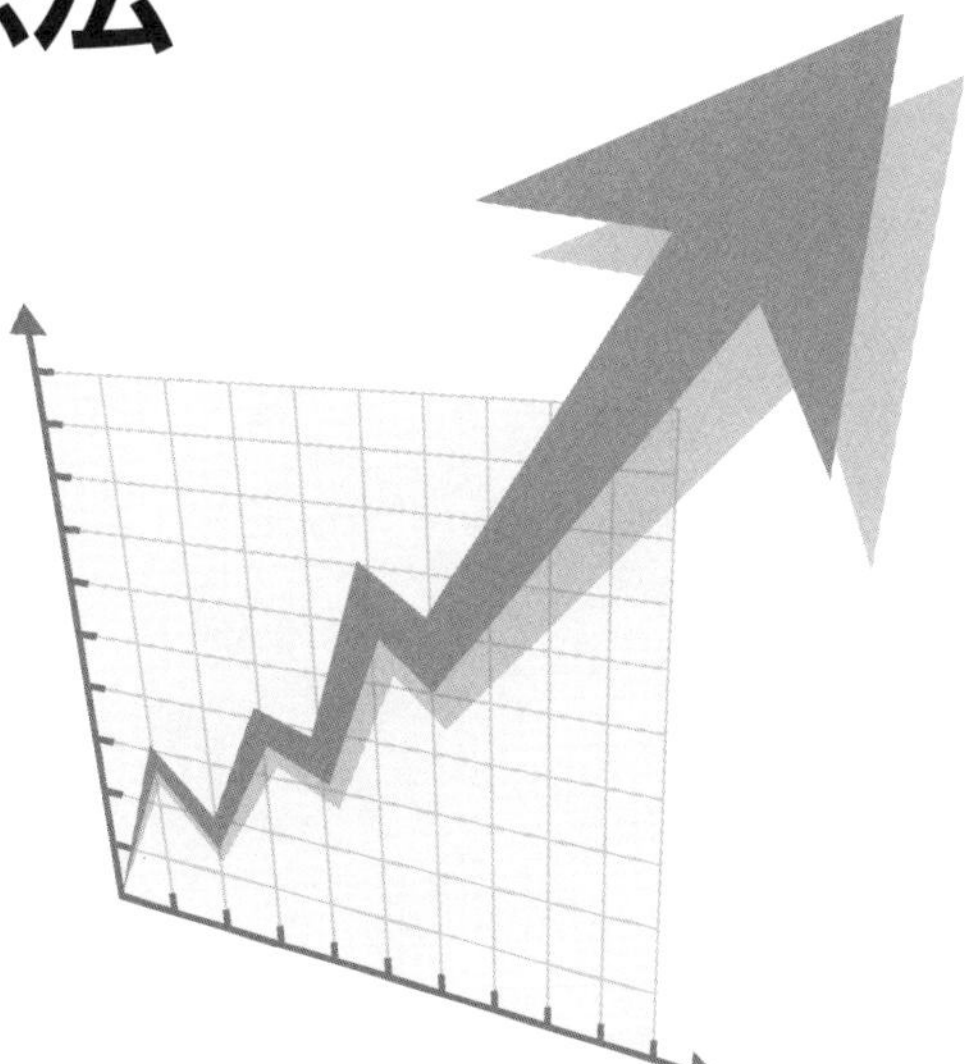

1 知的生産につながる質問術

（1）自分なりに考え、自分なりの答えを出す

◆問題の本質を問う力

以前、知人からこんな話を聞いたことがあります。

ある暑い夏の日、田舎道を歩いていて、老人とすれ違った。そのとき老人から、「この近くにコンビニはないでしょうか？」と聞かれたとする。でもコンビニは数キロ先で、と

ても歩いて行ける距離ではない。

あなたなら何と答えるか？

「この辺にコンビニはないですよ」と言うか。

携帯で検索して地図を見せるだろうか。

タクシーを呼んであげるだろうか。

この場合の正解は、「どうしてコンビニに行きたいんですか？」だそうです。

その老人は、もしかしたら水がほしいだけかもしれない。そうであれば、自分が水を持っていれば、あげることができる。あるいは、トイレに行きたいのかもしれない。トイレなら、コンビニ以外でもあるだろう。

そうやって、投げかけられたことに単に反応するのではなく、一度踏みとどまって、本質を捉えた質問ができるかどうかが重要だというのです。

仕事で名刺交換をしたときに、「めずらしいお名前ですね。ご出身はどちらですか？」と聞かれたら、誰でも自分の出身地を答えるのではないでしょうか。

出身地に限らず、「問われたら答える」というのが人間の性です。だからこそ、**問いの設定が極めて重要**なのです。

◆他人に質問を立てさせてはいけない

では、私たちは、自分で適切な問いを発しているでしょうか。現代では、企業や政府、マスコミが問いをつくって私たちに投げかけ、国民が答えさせられている、という印象があります。

・老後の対策をしなくていいのですか？
・大事なお子様の教育はそのままでいいのですか？
・本当にお金を銀行に預けていていいのですか？
・メタボで病気になってもいいのですか？

そう問いかけられると、知識もなく考えたこともない私たちは、ハッとします。そして、「そうだよね、このままじゃいけないよね」と感じ、その問いを発した企業の言うことに耳を傾けます。

そこまではいいのですが、問題は、そこにはすでに「こうすればいいですよ」と明快な答え（つまり商品）が用意されているので、私たちはついついそれに飛びついてしまうという点です。

モノが満たされた現在では、いかに人々の欲望に火をつけてお金を出してもらうか、情報の発信者はみな知恵を振り絞っています。

ですから、企業や政府、マスコミが発する問いに、バカ正直に答えようとすると、振り回され、その答えを教えてくれるところに飛びついてしまいます。

◆質問力とは考える力

もちろん、大事な問いもある。自分では気づけなかった問いもある。**しかし私たちは、クリエイティブさを発揮して、自分自身で問いを立てなければなりません。**

たとえば、

・なぜ、年金制度が崩壊するといえるのか？
・高等教育を受けさせることが、本当に子どものためになるのか？
・銀行以外にお金を振り向けることが、賢い行為だといえるのか？
・メタボによる影響の深刻さはどの程度なのか？

そうやって、本質に迫ろうとする問いを自分に向けて発する。そして、**与えられた答えに安易に飛びつくのではなく、自分なりに考え、自分なりの答えを出そうとする**。それが流されず、騙されず、自分の意思で立って歩くということです。

確かに与えられた情報をそのまま受け入れたほうが、あれこれ悩む必要もなく簡単です。調べようと検索をしても、膨大な量の情報が出てくるため、余計に何か正しいかわからなくなります。

けれども、情報であふれ、人が考えることを面倒くさがる世の中になるからこそ、本質的な問いを設定し、答えを自分で見つけようとする人が、他人には見えない価値を見つけることができるのです。

2

知的生産につながる心構え

（2）心の強さを得る方法

◆TY（とりあえず、やってみる）発想のススメ

「本を読んだけれど、なかなか行動できない。最初の一歩を踏み出すには、どうすればいいですか？」という質問を受けることがあります。

もしあなたが、自転車に乗ったことがない子どもから、「自転車に乗れるようになるにはどうすればいいの？」と聞かれたら、どう答えますか？

「まず自転車にまたがってみようよ」とアドバイスするのではないでしょうか。

「そんなの、面倒くさいよ」

と子どもが言ってきたとしたら？

「乗ってみないと乗れるようになるわけないだろ」と言うか、「それじゃあ、自転車に乗るのはあきらめな」と言うかのどちらかでしょう。

最初の一歩を踏み出すには、とにかく足を前に出してみるしかありません。読書も同じで、「成功したい」「儲けたい」と思って読むのなら、あとは「本に書いてあることをベースに実践してみる」しかないのです。それをしないのなら、成功するのも儲けるのもあきらめるしかありません。

「株で儲けたい」と思って株の本を読んだら、口座を開設しとりあえず10万円入金して、本に書いてある手口を試してみる。もし損をしたら、本に書いてある方法と何か違っていたのか、あるいは本には書かれていない別の前提条件があったのではないかと考え、また試してみる。

「成功するには口ぐせが大事」と書いていたら、口ぐせリストを紙に書き出して、会社のパソコンの前に貼りつけておく。そして、その言葉を口にするたびに「正」の字を書いて、何回言ったかを日々確認し、1か月続けてみる。

拙著『頭のいいお金の使い方』（日本実業出版社）に「財布の中にいつも10万円を入れておこう」と書いたのですが、数人から「その話、聞いたことあります」「知っています」と言われました。でも、そういう人で、本当に財布に10万円入れている人なんて誰もいないんですよね。友人の経営者からは、「オレは20万円入れたぞ」というメールが来ましたが（笑）。

そう、これからは**ＴＹ（とりあえずやってみる）**を口ぐせリストに加えましょう！

◆上級レベルの分野を持っている人は、なぜ安定感があるのか

何かの分野で上級レベルまで達した経験がある人は、人格的にも精神的に安定し、周りから見ても、「あの人に任せれば安心」という不思議な信頼感があります。

何かを続けるということは、結構たいへんなことです。日々の忙しい生活の中で、時間を捻出し、長い年月にわたり情熱を維持し続けるというのは、心のマネジメント能力がなければできないことです。

しかし、**心のマネジメント能力が高ければ、ちょっとしたことで感情的になり、判断や行動がぶれるということがなくなります。そういう個人としての強さを持つことが、人格的な成熟につながる**のでしょう。

また、ひとつのことを上級の域にまで高めた経験があると、新しい知識や技能をマスターする必要に迫られたときも、習熟するためにはどういう視点で取り組めばよいのかがわかります。

そして、実行すれば再び上級レベルまで高めることができ、それをきちんとアウトプットできる、という自己に対する信頼感を持てるようになるのです。

逆に、これまでひとつも上達した経験がなければ、上達のカンどころがつかめていないので、変化がストレスになります。

◆マスターする経験が自信につながる

何かに上達しマスターする要諦を、自分なりにつかみ、プロセスとして経験していると、いざ必要となればいつでも追いつける自信が持てます。

そうすると、今、本当に必要なスキルのみに絞って取り組み、逆に今すぐ必要ではないものはあえて見送るという、自己責任での決断ができます。そうした自信が、環境が変化しても精神的な安定感を保つのに役立っているのでしょう。

（3）知的生産につながる人脈術

◆知的生産な会食

交流会などで、「これは」と思う人に出会ったら、翌日すぐにメールし、食事に誘いましょう。人的ネットワークを増やすコツは、交流会で名刺をばらまくことではなく、後日、密接な会を持つことです。

つまり交流会は、双方のビジネスにつながるような人を探し、後日食事に誘うという二段構えで考えるものです。

しかし、いきなり二人きりで会うというのは相手にとって心理的ハードルが高いので、ほかに知人を誘って、合計3~4名の場に誘うようにしましょう。

相手にとっても、誘う知人にとっても、さらに出会いの場を提供することになり、双方にメリットがあるからです。

また、3~4名にするのも重要で、あまり人が多いと会話のグループが分かれてしまいますが、この人数なら、ひとつの話題に全員が参加できます。

あまりお酒が入るとダラダラになってしまいますから、コースにしておけば2時間で終わりますし、メニュー選びにも迷いません。

酒食の席というのは、お互い緊張感がほぐれ、昼間のビジネスの席ではなかなか話す機会のないプライベートなことも話せる雰囲気になりますので、どんどん活用したいものです。

3 知的生産を生み出す毎日の過ごし方

(1) 知的生産を生み出すポジティブ思考

◆判断基準は「真・善・美」

僕たちの日常は意思決定の連続です。

朝何時に起きるか、何を食べるか、どのルートで通勤するか、上司や部下にどんな言葉をかけるか、飲み会に誰を誘うか、どのテレビ番組を見るか、などなど、つねに意思決定をしながら人生を過ごしています。

そのとき、僕たちはつい、「効率性」やら「自分の損得」やらを基準に選んでしまいます。

もちろんそれは大切な判断基準ではあります。

しかし、未熟な自分の勝手な判断基準は、時として知らず知らずのうちに、貴重な情報を排除し、あとで得られるであろう大きな利益を逃すことにもつながりかねません。

そこで、もうひとつの判断基準として、絵画取引をしている知人に教えてもらったのが、**「真・善・美」**です。

それは「真」つまり、誠実なのか。それは「善」つまり、よいと思えるのか。それは「美」つまり、美しいと思えるのか。

この3つの判断基準で意思決定すれば、大きな過ちはしないし、ましてや人の道を外れることもない、というのです。

なるほど。でもこれは難しい。難しいからこそ、身につけたい判断基準です。

◆ラッキーに敏感になる

人生が楽しい人というのは、自分のことを強運の持ち主だと思っているのです。

なぜかというと、運がいいことに敏感だからです。敏感だから、身の回りのラッキーにすぐ気がつく。ラッキーなことばかり起こっていると感じるのです。

反対に、不運な人というのは、不運に敏感なのです。ラッキーなことには気がつかず、不運なことばかりに目がいくために、自分にはツイてないことばかり起こる、不運な人生だと感じるのです。

どうせ敏感になるなら、ラッキーなこと、幸せなことに敏感になりたいものです。

では、どうしたらできるか？

そのためには、「一日一善」ならぬ、**「一日一ラッキー」**です。

つまり、毎日1個は必ずラッキーを見つけるように自分に課す。「電車の中で座れた」くらいの、どんなに小さなことでも構いません。これを手帳なり日記なりに記録していきます。

そうすると、1年経ったら、365個のラッキーになっていますから、これはものすごい強運、幸せな人ということになります。

◆シャル・ウィ・ダンスる

『シャル・ウィ・ダンス?』という映画をご存じでしょうか。

さえないサラリーマンの主人公が、駅のホームから見えたダンス教室の女性に興味を覚え、こわごわのぞいてみます。最初は躊躇《ちゅうちょ》していた彼も、その女性に声をかけられ、思い切ってダンスを始めます。そこから彼の世界が変わり始めるというストーリーです。

自分から新しいことをやり始めるのには、勇気がいります。「新しいことを始めよう」といっても、どこに何があるかわからないし、自分が何に興味があるのかわからない。知らない人ばかりのコミュニティに入っていくのはしんどい。

そこで、**知人や友人の誘いに「まあいいか」と気軽に乗っかってみる**のです。

僕の会社の事業である「ビジヴォ」のチーフマネージャーを務める秋竹朋子さんは、もともとはピアニストでした。自宅で子どもにピアノを教えながら、夜はレストランなどで演奏をする、という生活をしていました。

ビジネスボイストレーニングという発想があったとき、彼女に「こういうスクールをやろうと思っているんだけれど、やらない？」と声をかけましたが、当初は乗り気ではありませんでした。

そこで、同じような他校に連れて行ったところ、「こんなのでいいの？　私だったらもっとうまくできる」と俄然やる気になって、スタートしたのです。

あまたあるボーカルスクールではなく、ビジネスの声をつくるという珍しさから、数多くの経営者人脈ができ、テレビにも何度も出演し、今では4人の部下を持つようになり、『一瞬で相手の心をつかむ「声」のつくり方』（ぱる出版）という本も出版しました。

まさしく彼女の生活、そして人生は一変したのです。後日彼女は、「あのとき断っていたら、今のような人生はありえなかった」と言っています。

こんな大げさでなくても、誘われたパーティーに行けば、何か出会いがあるかもしれない。誘われたセミナーで大きな気づきが得られるかもしれない。友達に誘われてタレントオーディションに出場したら、自分のほうが合格して芸能界デビューした、というのも、よくある話です。

最初は面倒くさいかもしれません。気乗りがしないかもしれません。しかし、それが人生のギアチェンジを起こしてくれる可能性もあるのです。

（2）あらゆる場面が情報収集と思考の場

◆オンとオフの境目をなくす

「オンとオフの区別をつける」という言葉を聞いたことがあると思います。

しかし、プロフェッショナルを目指すならば、むしろ逆で、**「オンとオフの区別をなくす」**ことです。プロとは、自分の仕事を気に入っている人です。お気に入りのことをやっているのに、なぜオンとオフを分ける必要があるのでしょうか。

これは、休まず仕事をしろ、ということではありません。思考のアンテナをたたんではいけない、電源を完全に切るのではなく、スリープ状態にしておくということです。**日常生活のあらゆる場面が、情報収集と思考の場です**。プロには土日祝祭日はなく、年中無休でアンテナを張っているのです。

走り幅跳び、ハイジャンプ、棒高跳び、飛び込み……。

これらの競技に共通する要素は、鍛錬の時間は長いけれども、一瞬で勝負がつく、ということです。毎日毎日、厳しいトレーニングをしているのも、数秒間というわずかな競技時間に賭けているのです。

企画やアイデアを出す、文章やコピーを書く、というクリエイティブな仕事も、これに似ています。日常すべてが鍛錬の場だけれど、発想は一瞬であるということ。

発想は突然降ってくることが多いのですが、日々考えていない人は、発想が降ってくることはありません。オンとオフを区別する人は、こういう人たちには勝てないのです。

4 生産性を高めるものの考え方

（1）全体を俯瞰して考える

◆最後までイメージしてからとりかかる

生産性を上げるには、その仕事を最初から最後までシミュレーションしてから仕事にとりかかることです。

たとえば営業ならば、どういう見込み客をどういう方法で発掘し、どういう営業トークをし、どんな質問を受け、どう対応し、どうクロージングまで持っていき、どうアフターフォローをするかまで、一連の流れを頭の中でイメージする。

料理が典型です。料理をつくるには、つくる前から完成のイメージを持ち、そのイメージを実現するように、材料、調理法、調味料を選び、皿を選び、盛り付けをします。

何ができるかわからずにつくる料理がおいしくできることは、まれに偶然はあっても、ほとんどないでしょう。

そして、料理の鉄人よろしく、1分でアウトプットの姿をイメージするのです。こうすると、仕事の全体像の理解が進むので、ダンドリがうまくなります。

◆1か月の仕事をやり終えたイメージをする

これに慣れたら、**この1か月、自分がやる予定の仕事全部のプロセスと、でき上がったアウトプットをイメージします。**

これをやると、1か月の予定の全体像がインプットされ、今週は何をやるか、今日は何をやるか、先にやっておくべきこと、あとに回してもよいことなどが明確になります。

この作業に慣れてくれれば、次は1年間へと広げていきます。

◆ブロック手帳で1か月を俯瞰する

全体俯瞰のイメージトレーニングをやりやすくするために、僕は1か月ブロックタイプの手帳を使っています。

これなら1か月のスケジュールが一目でわかるので、来週はちょっと忙しいなと思ったら、今週に予定を詰め込んでおくとか、ロングスパンで業務量の調整もできます。

ただ、ブロックタイプはスケジュールを書く欄が小さいので、ポケット手帳よりも大きいA5の大きさの手帳を選んでいます。

とはいえ、1日に5~6件のスケジュールを書くのが目一杯なので、それ以上にスケジュールが立て込む人は使いにくいかもしれません。

それでも、週間手帳に比べれば、圧倒的にスケジュールの全体俯瞰ができますから、僕は重宝しています。

（2）まずは相手をひき立てる

◆逆引き思考

拙著『頭のいいお金の使い方』（日本実業出版社）の中で、

「お金はたらいの中の水のようなものだ。かき集めようとするとわきからこぼれて逃げ出すが、押し出せば自分のほうに戻ってくる」

「お金を儲けるのは簡単です。先に相手を儲けさせてあげればいいのです。10万円の仕事を請けたら、20万円分の仕事をする。すると相手は喜んで、またこの人に仕事をお願いしようと考えるからです」

と書きました。

この考え方はいろいろな場面で応用できます。

◆褒められたいなら相手を褒める

誰でも自分を認めてもらいたいし、褒められるとうれしいものです。僕もそうです。しかし、褒められたいという意識が強すぎると、相手のことを認めることができず、逆に嫉妬の感情に支配されます。その態度は相手を硬化させ、相手からも認めてもらえなくなります。

そこで、**自分が褒められたいなら、先に相手を褒める**のです。もちろんヨイショでは逆効果ですが、人は褒められたら相手のことも褒めたくなるものです。

僕は仕事がら、よくセミナーやパーティーなどのイベントに招かれます。あるセミナーが終わったあと、僕は主催者に、お礼とともに「素晴らしい会でしたね！」と言いました。

なぜそう言いたくなったかというと、彼を僕のイベントに招いたときに、同じようにべタ褒めしてくれたからです。つまり、褒められたから相手を褒める自分がいることに気づいたのです。

まず先に相手を褒め、「褒め貯金」を貯めておきましょう。貯金が貯まったら、自分に返ってきますから。

◆自慢したいなら相手に自慢をさせる

聞いてもいないのに、自分の学歴や年商、仕事のスケールを自慢する人がいますが、これはむしろ鼻につくだけで逆効果です。

そこで、**自慢したいことがあれば、まずは相手に質問して、先に相手を自慢させる**のです。するとだいたい、相手も同じ質問を自分に投げかけてきますから、そこで自慢するわけです。

自慢といっても、質問されたことに答えるだけですから、それは自慢ではなく返答になりますし、嫌味にもなりません。

（3）思考停止にならないために

◆学びたいなら忘れる～アンラーンする

先日、ある中華料理店に入りました。その店はメニューが豊富で、分厚いメニューリストに百種類以上のメニューが書かれています。どれもおいしそうで迷います。あれも食べたい、これもおいしそう……。

そのうち全部同じに見えてきて、選ぶのが面倒になり、結局、ペラ1枚でテーブルの上に置いてあった「本日のおすすめ」を注文してしまいました。

適切な意思決定や適切な問題解決には、情報がたくさんあったほうがいい、と多くの人は考えます。しかし、実際には情報量が増えれば増えるほど、僕たちは思考停止してしまいがちです。

かつてよりも情報量が膨大になり、選択肢は圧倒的に増えました。たとえば、大学も選べるし職業も選べるし、起業の道も選べる。成功例も失敗例も世の中にあふれている。しかし、情報は多いけれども、どれも正解になるし、どれも不正解になるから、何を選んでいいかわからなくなるのです。

また、知識は時に先入観につながります。

「ＩＴ化が効率化につながる」という知識があると、それを前提に考えてしまいがちです。時には「ＩＴが非効率を招く」ということから目をつぶってしまいがちです。

環境対策も、「マイ箸はエコ」と思っていたが、箸を洗う水や洗剤のためにエコになっていない、ということもあります。

こうした状況を防ぐひとつの考え方として、**「アンラーンする」**というものがあります。

アンラーンとは、「知識」という余分なゼイ肉を削ぎ落としていくことです。

アンラーンするには、自分の知っていることを「書く、話す」ことによって体外に放出することです。

アウトプットすれば、インプットしたものが自分の思考を離れ、客観的な存在になりますから、既存の知識に縛られなくなります。

もうひとつは、**調べることをやめて、「考える」**ということです。

企画書や報告書を書くとき、僕たちはつい、ネットで検索したり、本を読んだりして、知識でなんとかしようとします。すでにある情報の中に答えがあると思い、それに頼ってしまうと思考停止してしまいます。そこで、検索も読書もやめて、対象に向き合う。

何もインプットしない「素」の頭脳で考え、自分の脳みそから引き出せる知恵のみで勝負しようとすることです。

◆創造したいなら壊す

新しいものを創るには既存のものに捉われないようにする、というのはよくある話です。

たとえば情報システムなどは、既存のプログラムにつぎはぎするよりも、新規につくり直したほうが、むしろ手間が省けます。ウェブサイトのリニューアルも、既存のものを修正しようとすると、既存のデザインに引きずられてしまいますが、いったんゼロクリアしてつくれば、まったく新しいデザインを考えることができます。

本の企画も、「いまいちだな」と感じたら、今まで書いた原稿を加筆修正するよりも、ガラガラポンして書き直したほうが、よい本ができることもあります。

新しい事業も、同じ会社の中の一事業部からスタートする方法もありますが、別会社・別組織で始めることで、ユニークな企業文化が生まれます。

日常生活でも同様に、一新したいなら全部捨てる、という方法があります。僕も量販店で買ったスーツを全部捨て、オーダーメイドスーツに一新しました。

ちょっと極端かもしれませんが、自分を生まれ変わらせるために、転校や転職して、人間関係をゼロクリアする、という方法もあるでしょう。

5 WIN-WIN発想が他人を動かす

（1）まずは他人にやってもらうことを考える

◆レバレッジとは、WIN-WIN発想のこと

「江戸時代、川の土手に桜を植えたのはなぜか？」

知人と飲んでいるとき、こんなクイズを出されました。僕は、「木の根が張って、土手

が強くなるからじゃないの？」と答えましたが、意外な答えが返ってきました。

「もちろんそれもある。でもそれだけじゃない。日本人は花見好きだから、みんなが桜を見に来て土手を歩く。多くの人が歩くことで、土手の上が踏まれて固くなる。固くなるから強い土手ができて、水害などを防ぐことができる。業者に土手を強くしてくれと依頼するとお金がかかるが、桜を植えれば勝手に人が集まって来る。幕府の懐具合が厳しいときに考え出されたアイデアらしい」

◆なぜトレードツールは無料なのか？

証券会社の多くは、システムトレードツールを無料開放し、ユーザーが自由に使えるようにしています。これはもちろん、魅力的なツールを提供することで、顧客を囲い込みたいという競合対策としてのねらいがあるからでしょう。

実は、それ以外にも理由があります。

特に自動売買用のシステムトレードツールは、ユーザーが自由にパラメータ（変数）を設定できるようになっています。つまり、どういうシグナルが出たら買うか、売るか、というロジックの設定が自分でできるのです。

ということは、証券会社からすれば、どのユーザーのどのロジックで利益が出ているかが丸見えというわけです。つまり、儲かるロジックの事例がたくさん集まる。

そうすると、2つの利用方法ができます。

ひとつは、自社トレード部門での売買に応用して、自社で儲ける。もうひとつは、自動売買ツールとしてパッケージ化し、商品として販売する。

これならば、数千万円をかけてトレードツールを開発して無料開放しても、じゅうぶんおつりが来る、というわけです。

このように、**自分の力やお金を使わずに、他人にやってもらう**という発想をすることで、新たなビジネスチャンスにつながります。

ここで意識すべきは、**WIN-WIN 発想**です。つまり、桜もトレードツールも、他者のハッピーの上に成り立っているということです。

「どうすれば相手がハッピーになるか？」を考えた仕掛けをすれば、他人の力を借りることができるのです。

（2）何もないから発想できることもある

◆ディズニーランドには二度行かない

僕たちの親世代は、「原っぱ」しか遊ぶところがない時代でした。そんな中でも、木の棒を刀代わりにチャンバラをしたり、鬼ごっこをしたり、缶ケリをしたり、かくれんぼをしたり、木登りやゴム跳びなど、楽しむ工夫をしていたそうです。

しかし僕たちは小さい頃からテレビゲームに囲まれ、今では物心ついた頃からパソコンやスマートフォンがあります。

また、ディズニーランドに行けば、夢の世界がすでに用意されている。でもこうしたアトラクションは、誰もが同じ楽しみ方しかできないし、同じような感動が得られるように設計されている。考えなくても遊ぶ道具があふれています。

これは、中毒、依存症、思考停止を招きます。

◆何もない環境で楽しむ工夫をする

では、もし子どもを原っぱに連れて行ったら、あるいは海辺に連れて行ったら、どうでしょうか？

おそらく子どもは何もないがゆえに、創造力を駆使して、子どもなりの遊び方を考えるでしょう。

「原っぱ」しかないからこそ、遊び方を考えざるを得ない。

これを僕たちに置き換えると、**意図的にインターネットやスマートフォンがない環境をつくってみることです。新聞やテレビをやめてみる**ことです。

情報が少ない中で判断や行動をするには、考えるしかありません。

確かに情報があることで、より豊かに発想できることもあります。しかし、何もないからこそ発想できることもあります。僕たちは、時代の便利さを享受しながら、その便利さに溺れない冷静さも必要なのです。

6 未来につながる意思決定

（1）よりよいやり方を探すアンテナを立てておく

◆時間をくれるテクノロジー、時間を奪うテクノロジー

世の中が便利になると同時に、使い方を間違えると、相当なタイムイーター（時間食い虫）になります。

かつての仕事術の本には、「電話は仕事を中断されるから、電話の鳴らない時間帯に仕事する、もしくは不在を装う」ということが書いてありました。そして現代では、メールの登場によって、多少のコントロールができるようになりました。

しかし反対に、メール対応に時間が費やされるようになり、これもまた生産性を下げる要因になっています。

携帯電話の登場によって、待ち合わせのときなど格段に便利になりましたが。四六時中束縛されていると感じる人もいるでしょう。

かつてはテレビが無駄な時間といわれていましたが、今ではインターネットが時間の浪費に使われていますし、電車の中を見渡せばわかるように、１日の時間の多くが携帯電話に奪われています。

そのほかＳＮＳやツイッターなど、次々に新しいコミュニケーションツールが出てきています。これも、目的意識なくのめり込むと、何も価値を生まないやりとりをしてしまいがちです。

◆テクノロジーの主《あるじ》になる

もちろん新しいテクノロジーは試してみないとその価値はわかりませんが、「みんながやっているから」「そこにあるから」という理由で惰性になると、本来は便利になるはずのテクノロジーに、逆に時間を奪われるようになってしまいます。

テクノロジーの奴隷になるのではなく、テクノロジーの主として、**「この行為はどういう価値につながるのか？」**を意識し、工夫を続けていきたいものです。

◆滞在リスクの「見える化」をする

トヨタ生産方式という考え方があります。

これは、「カイゼン」や「カンバン方式」「ジャストインタイム」といったいくつかの方法を総称した呼び方ですが、トヨタを自動車生産台数世界一にならしめた要因のひとつが、このトヨタ生産方式にあるといっても過言ではないでしょう。

しかし実は、カンバンそのものは結果でしかありません。ジャストインタイムもしかり。その神髄は、問題の「見える化」にあります。トヨタ生産方式は、問題を「見える化」することから始まります。

生産現場のラインが止まることなく動いているのは、問題がないのではなく、問題が見えなくなっているだけだといいます。

たとえば、3人でできるところを5人でやれば、確かにラインは止まらない。しかしこれが問題を見えなくする。後工程に影響しないように予備の在庫を増やせばラインが止まらない。これが問題を見えなくする。

必要数ではなく稼働率を重視するから在庫が増える。これが問題を見えなくする。

そこで、5人でやっているなら3人に減らす。仕掛かり在庫を5個から1個に減らす。するとラインが止まるなど問題が出てくる。そうやって問題点を顕在化させているのです。

◆トヨタ生活方式

そのトヨタ生産方式を僕たちの生活にも応用してみましょう。名付けて「**トヨタ生活方式**」です。

たとえば景気がいいとき、仕事がうまくいっているとき、恋愛がうまくいっているときは、会社も個人も問題点が見えません。

しかし、景気が悪くなる、仕事でつまずく、関係がギクシャクする、そういう状況になってはじめて問題が見え、あわてることになります。これは僕も同じですし、ある程度は仕方ないことなのかもしれません。

そこで僕は最近、あわてるのを防ぐために、うまくいったらその要因を書き出し、その要因が崩れたときに何が起こるかを考えてみるようにしています。つまり、リスクの見える化です。

たとえば、

・ダウンロードブックが全盛になり本の売上が激減する→本の執筆依頼が来なくなる→デジタルブックリーダーの機能を最大限に活かせるコンテンツの企画を考えておく→ビジネス書の主要購買層とつねに接し、彼らの問題意識を把握しておく

・景気低迷が長引き、家賃相場が下落する→自分が所有している不動産の家賃も下がる→格安家具を入れ、ウィークリーマンションにする→少し繰り上げ返済をして、手取りキャッシュフローを増やす

・収益物件の獲得競争が続き、優良物件が少なくなる→顧客ニーズとのマッチングが

うまくいかず、会社の売上が上がらない→用地仕入れ業者と提携する→別の事業モデルに進出する

というふうに、問題点（ここではリスク）を想定しておけば、感情面で準備ができるので、あわてずに済みます。また、頭の中にアンテナが立ち、ほかへリスクヘッジする方法を、生活の中で探すようになります。

（2）サンクコストで知的生産を上げる

◆サンクコスト意思決定

サンクコストというのは、埋没費用という意味で、すでに支払ったコストは戻ってこないので、将来の意思決定には反映させるべきでない、という経営学でおなじみの専門用語です。

これは僕たちの生活にも応用できます。

ちなみに以下は、過去の僕のサンクコスト意思決定です。

・手帳………使いにくいと思ったら、買い換える

手帳を一度買ったはいいものの、土日の欄が小さい手帳だったのです。しかし、土日にイベントがよく入る自分としては使いにくい。

手帳代1000円のためにガマンして1年間使い続けるよりも、買い換えたほうがいいと思ってそれを捨て、新しく買い直しました。

・食事……おいしくないと思ったら、食べるのをやめる

レストランで注文した料理がおいしくなかったとしたら、無理して食べず、すぐに会計を済ませて出て、店を変えます。

もちろん、「この値段ならこんなものか」という場合は別ですが、明らかに価格と味が釣り合っていないとき、「おいしくない料理」だけでなく、「ガマン」にまでお金を払うのはもったいないですから。

・ミュージカル……おもしろくないと思ったら、観るのをやめる

友人とミュージカルを観に行きましたが、おもしろくない。そこで、途中で出てしまいました。

確かにチケット代金はもったいないですが、ガマンして最後まで観れば、お金と時間のロスというダブルパンチになります。映画やレンタルＤＶＤなども同じですが、さっさと割り切るようにしています。

・不動産購入の手付金……危険だと判断したら、手付金を流してでもやめる

これは、僕の会社に相談にきたお客様に勧めた話です。ほかの不動産会社で契約した物件について、セカンドオピニオンがほしいということでした。

そこで、「古くて修繕費がかかりそう」「場所がよくないため、将来大幅な家賃下落の懸念がある」「予定しているローンの金利が高く、キャッシュフローがカツカツ」ということを伝えたところ、お客様からは、「もう手付金を払ってしまったのですが、どうすればいいですか？」と質問されました。

僕は、「あなたが不動産を買うことが目的であれば、そのまま購入することに何ら問題はありません。しかし、経済的安定やキャッシュフローを得ることが目的であれば、この物件は適さないと感じます。支払った手付金300万円を守って6000万円の不良資産を持つか、300万円を捨ててゼロクリアしてやり直す道を選ぶかは、お客様次第です」と答えました。

そのお客様は、結局その物件を購入したそうですが、その後どうなったのか、今はわかりません。

◆サンクコスト発想法

すでに起こってしまった出来事は、将来の意思決定には反映させないようにしましょう。

学歴コンプレックスなどは最たるものです。学歴は、学校に入り直すとか、大学院に入って最終学歴を追加するといったことをしない限りは、変えることはできません。

それにもかかわらず、学歴に劣等感を抱いたところで、マイナスこそあれ、プラスに働くものはありません。

ほかにも、過去に自己破産したことがあるとか、離婚したことがあるとか、不義理をしたことがあるとかを嘆いても、その事実は変わりません。

それよりも**未来を変えること**です。過去の評価は、将来の行ないで変わるものです。晩節を汚すと、かつてどんなに素晴らしい業績をあげたとしても、「どうせあの頃も詐欺まがいのことをしていたんだろう」と言われてしまいます。

しかし、これから素晴らしい行ないをすれば、「あんな大変な経験をしたことが今に生きたんですね」とプラスの評価に変わるのですから。

おわりに

本書では、僕自身が実践&見聞きした方法の中から、難しいものを省き、基本的なことを中心に紹介しました。

なかには、すでに知っていること、やっていることもあるでしょう。あるいは、それは自分にはできそうにない、というものもあるでしょう。

しかし、習慣を見直すとは、そうやって感じたことを一つひとつ立ち止まって、より自分に負荷がかかる方法へとバージョンアップさせていくことです。

なぜなら、**「これは使える」「これは使えない」と、今の自分の能力を前提に取捨選択しても、自分の枠は広がらない**からです。

筋力をつけたいのに、今の自分の力で軽々と持ち上がるダンベルを使っても、筋肉は鍛えられないのと同じです。

おわりに

今の自分を超えたいなら、よりしんどい方法を選ぶ。でもそれでは続かないから、それをいかに楽しめるか、ゲーム化できるかを工夫する。その試行錯誤の繰り返しが習慣をつくります。

傲慢な人は、他人の活動をくだらないと片付けますから、何も学べません。しかし謙虚になれば、誰からでも、どの本からでも、どんな体験からでも学べ、価値に変換することができます。

つまり、知的生産な活動ができるかどうか、それが富をもたらしてくれるかどうかは、謙虚さの獲得にかかっているともいえます。

そういう意味では、僕もまだまだヒヨっ子であり、修行中です。そこで、いつも自分に言い聞かせている言葉があります。それは、

「自分はいつまで経っても未熟者である」

です。もっと貪欲に学び、レベルアップしていくためには、このフレーズはオススメです。

午堂登紀雄

【参考文献】

坂本桂一『坂本桂一の成功力』（ＰＨＰ研究所）
村松恒平『〔プロ編集者による〕文章上達〈秘伝〉スクール壱　秘伝』（メタブレーン）
村松恒平『〔プロ編集者による〕文章上達〈秘伝〉スクール弐　文章王』（メタブレーン）
岡本浩一『上達の法則上達の法則―効率のよい努力を科学する』（ＰＨＰ研究所）

●著者プロフィール

午堂 登紀雄（ごどう ときお）

1971年岡山県生まれ。中央大学経済学部卒。米国公認会計士。大学卒業後、東京都内の会計事務所にて企業の税務・会計支援業務に従事。大手流通企業のマーケティング部門を経て、世界的な戦略系経営コンサルティングファームであるアーサー・D・リトルで経営コンサルタントとして活躍。IT・情報通信・流通・金融をはじめとした国内外の大手企業に対する経営課題の解決や事業戦略の提案、M&A、企業再生支援など、数多くの案件を手がける。

2006年、株式会社プレミアム・インベストメント&パートナーズを設立。現在は不動産投資コンサルティングを手がけるかたわら、資産運用やビジネススキルに関するセミナー、講演で活躍。また、キャリアプランやビジネススキルアップに関する講演、企業研修、執筆等も精力的に行なっている。著書多数。

午堂登紀雄オフィシャルサイト
http://www.drivin-yourlife.net/

「お金をもらう」から「稼ぐ」人になる習慣術

2020年1月10日　初版第1刷発行

著　　者／午堂登紀雄
発 行 者／赤井　仁
発 行 所／ゴマブックス株式会社
〒107-0062
東京都港区南青山6丁目6番22号
印刷・製本／みつわ印刷株式会社

ISBN978-4-8149-2204-8

※本書は、2018年3月にパンダ・パブリッシングから刊行された『「お金をもらう」から「稼ぐ」人になる習慣術』を基に、ゴマブックスが再発行したものです。